의유당관북유람일기

호동서락기

서유록

여성, 오래전 여행을 꿈꾸다

여성, 오래전 여행을 꿈꾸다
의유당관북유람일기·호동서락기·서유록

ⓒ김경미 2019

초판 1쇄 발행 2019년 11월 21일

지은이	의유당·금원·강릉 김씨
옮긴이	김경미
펴낸이	부수영
펴낸곳	도서출판 나의시간
등록	2007년 9월 3일 제313-2007-000177호
주소	(우)04206 서울시 마포구 마포대로 204 SK허브블루 314호
전화/전송	02)392-3533
전자우편	boosbook@naver.com
ISBN	979-11-953539-3-4　03810

- 이 책의 판권은 옮긴이와 도서출판 나의시간에 있습니다.
책 내용의 전부 또는 일부를 재사용하려면 양측의 동의를 받아야 합니다.
- 책값은 뒤표지에 있습니다.

의유당관북유람일기

호동서락기

서유록

여성, 오래전 여행을 꿈꾸다

의유당 · 금원 · 강릉 김씨 지음
김경미 엮고 옮김

일러두기

_ 이 책의 글들은 다음과 같은 대본으로 새롭게 현대어로 옮겼다.
《의유당관북유람일기》는《의유당집》(민병도《조선역대여류문집》, 을유문화사, 1950)을 대본으로 하였다.
《호동서락기》는 연세대학교 중앙도서관 소장본《호동서락기》(허미자 편《한국여성시문전집》5, 국학자료원, 2004 수록)를 대본으로 하고, 이화여자대학교 중앙도서관 소장본《금원집》을 참조하였다.
〈서유록〉은 한국학중앙연구원 장서각 소장본《경성유록》에 수록된〈서유록〉을 대본으로 하였다.
_ 원문의 뜻과 어감을 최대한 살리되 자연스러운 우리말로 옮기고, 읽기 편하게 문단을 나누고 소제목을 달았다.

책머리에

 여행이 더 이상 특별한 일이 아닌 것 같은데도 여전히 여행기를 많이 읽는다. 일상에 붙들려 있는 한 언제나 여행을 꿈꾸기 때문일지 모르겠으나 여행기들은 여행에의 유혹을 멈추지 않는다. 어쩌면 여행을 부추기는 것은 다른 무엇이 아니라 여행기일지 모르겠다.

 이 책은 《의유당관북유람일기》《호동서락기》〈서유록〉을 현대역한 것이다. 이 글들의 공통점이 있다면 모두 오래전 여행을 꿈꾼 여성들이 쓴 여행기라는 것, 이들에게 여행은 삶의 의미를 건져낼 정도로 간절하고도 중요한 경험이었다는 것이다. 그래서인가 이 글들을 읽으면 다른 무엇이 아닌 세 여성의 삶 자체가 다가온다.

 글을 쓴 이들은 의유당이라는 호를 가진 의령 남씨 부인, 김금원, 강릉 김씨 부인이다. 의유당과 금원은 조선후기에 살았고 강릉 김씨 부인은 조선의 끄트머리에 태어나서 해방 전까지 살았다. 그러나 글들을 한 자리에 놓고 보니 글쓴이들은 시대, 출신 지역, 사용한 문자, 신분이 다르지만 여행을 통해 삶의 의미를 자각하고, 여성이라는 위치를 재확인하고 있다는 점에서는 차이가 없었다. 모두 여성의 위치와 여성으로서 받는 차별을 깊고 크게 의식하고 있었다는 의미일 것이다.

해외여행은 쉽지 않았지만 조선시대에도 금강산을 비롯한 숱한 명산이나 평양이나 개성 같은 오래된 도시를 여행하는 발길이 그치지 않았다. 이런 여행에 여성들이 늘 부재했던 것은 아니다. 남성 문사들이 쓴 여행기들을 읽다 보면 기녀들이 동행한 흔적이 보인다. 가족이 지방관으로 부임한 곳을 방문하거나 시집간 뒤 친정 나들이를 위해 여행을 한 여성들도 있었다. 의유당의 〈동명일기〉는 어려서 읽은 글이고 교과서에서도 실려 있었지만 글쓴이의 여행에 대해 구체적으로 생각하기보다는 화려한 수사를 풀이하는 데 더 몰두했던 것 같다. 그리고 한참 지나서 의유당의 글들을 다시 읽고, 금원의 《호동서락기》를 읽게 되었을 때 조선여성들의 여행에 대해 다시 생각하게 되었다. 제한적이기는 하나, 왕의 행차를 보기 위해 조카 집에 가서 머물거나 남편의 유배지를 향해 길을 떠난 송덕봉, 금강산 여행을 한 황진이와 김만덕, 종종 친정이나 친정오빠 임성주의 부임지로 간 윤지당, 그 외에도 밖을 향한 발걸음들이 이어졌다. 어쩌면 규방이라는 말에 갇혀 있었던 것은 나의 의식이었는지 모르겠다.

며칠 전, 어느 날 짧은 잠에서 깨니 눈사람이 되어 녹아 없어진 한 여성의 이야기를 읽었다. 언제 내 존재도 그렇게 녹아 없어질지 모르겠다는 생각을 한다. 그리고 문득 의유당도, 금원도 규범이 강제한 모습 그대로 살아가는 것은 더 이상 자신이 아니라는 생각을 했으리라 상상해본다. 그래서 떠난 여행이었고 기록으로 자신들의 흔적을 남겼으리라. 이 소소한 개인의 기록은 역사가 되어 당시 여성의 모습을 생생하게 보여준다.

남성 문인과 학자들의 글들은 문집으로 잘 갈무리되어 있는 반면 문집으로 정리된 여성 문인과 학자들의 글들은 손에 꼽을 정도이다. 글만이랴. 여행기만이랴. 여성들은 언제나 있었지만 언제나 보이지 않았다. 흩어진 여성들의 기록을 찾아서 읽으면 읽을수록 여성들은 언제, 어디서나, 어떤 제약이 있거나 간에 자신들의 위치를 뚜렷하게 인식하고 자신들의 목소리를 내고 움직였음을 발견하게 된다. 여성들만이 아니라 기록에서 밀려나 있던 그 많은 존재들의 목소리와 행위들을 되살려 기록할 때

우리는 그것을 역사라 부를 수 있을 것이다.

이 책은 본문에 앞서 옛 시절의 여행과 그 기록들, 특히 여성들의 여행에 대한 열망과 글을 개괄하고 세 편의 여행기에 대해 논하는 글로 시작한다. 고전 작품으로만 떠올리는 〈동명일기〉 등 《의유당관북유람일기》와 《호동서락기》, 그리고 일제강점기 한 시골 부인의 서울 감상기 〈서유록〉까지 각 글이 한 편의 흥미로운 여행기로 다가갈 수 있기를 바라는 마음에서이다. 원문에 충실하되 읽기 편하게 문단을 나누고, 가능한 한 쉬운 우리말로 옮기고자 했다. 필요한 경우 각주에 원문과 인용된 고사 등의 출처도 상세히 밝혔다. 〈서유록〉은 소리 내어 읽으면 더 맛이 나는 가사체가 섞여 있지만 산문으로 바꾸었다. 아울러 앞부분의 〈조선여성들, 여행하고 기록하다〉의 일부는 '낯선 세상, 낯익은 글쓰기'라는 제목으로 《이대학보》(2012년 11월 5일~12월 3일)에 연재한 글임을 밝혀둔다.

《자기록》에 이어 나의시간에서 두 번째 책을 펴내게 되었다. 묻혀 있는 옛여성들의 글에 깊은 관심을 가지고 정성껏 책을 만들어내는 부수영 대표에게 감사의 마음 전한다.

2019년 10월 김경미

차례

책머리에 … 5

조선여성들, 여행하고 기록하다_김경미 … 11

들썩임과 간절함
의유당관북유람일기_의유당 … 53
낙민루 55 · 북산루 57 · 동명일기 62

남장하고 금강산행
호동서락기_금원 … 81

시골 부인 서울 구경
서유록_강릉 김씨 … 177

참고문헌 … 225

조선여성들, 여행하고 기록하다

여행, 오래된 꿈

여행을 하는 이유는 저마다 다르다. 새로운 세계를 탐험하기 위해 먼 곳으로 떠나고, 구도하는 마음으로 성지를 향하는 순례를 하고, 깃들여 있는 일상을 벗어나 새로운 기운을 얻거나 낯선 곳에서의 자유를 위해 떠난다. 때로는 공무公務로 여행을 하기도 한다. 어떤 이유로 떠나건 여행은 다른 사람을 만나고 다른 장소와 문화를 '직접' 경험하는 행위이다. 여행의 기록이 사실성과 생동성을 가지는 동시에 여행자의 동경 어린 혹은 편견 어린 시선을 고스란히 보여주는 것은 바로 그 직접성 때문이라 할 수 있다. 그런 점에서 여행기는 주체와 타자의 만남을 여실히 보여주는 관계의 기록이자 문화적 기록물이라 할 수 있다. 또한 여행기는 읽는 사람으로 하여금 다른 문화를 접하게 하면서 추체험하게 하는 것은 물론 새로운 여행을 꿈꾸게 한다는 점에서 일종의 '선동'의 문학이자 다음 여행자를 위한 충실한 안내서이기도 하다.

8세기 무렵 신라의 고승 혜초704~787가 4년간 인도와 중앙아시아를 비롯한 서역을 두루 돌아보고 쓴 《왕오천축국전》이나 중세 이슬람의 대여행가 이븐 바투타1304~1368가 30년에 걸쳐 아시아, 아프리카, 유럽을 여행하고 기록한 《이븐 바투타 여행기》, 조선의 실학자 연암 박지원1737~1805이 청나라를 여행하고 기록한 《열하일기》는 문명에 대한 보고이자 문명 교류의 흔적이며, 그 자체가 뛰어난 문학적 기록물들로 인류의 유산이다.

일찍부터 여행기가 쓰였지만 서구의 경우 전지구적으로 여행이 활발해진 시기는 18세기이다. 이는 유럽 국가들의 제국주의적 확장과도 관련이 있다. '대항해시대'라고 불리는 이 시기에 여행은 지구 전체를 향하였을 뿐만 아니라, 예술의 주제나 양식에서도 주목할 만한 변화를 이끈 것으로 평가된다.

우리나라의 경우 신라시대부터 당나라에 유학생이 간 이래 고려를 거쳐 조선에 이르기까지 사신 등의 해외여행이 이루어졌다. 중국과 일본으로 통신사나 사신들의 여행이 지속적으로 이루어졌기 때문에 그와 관련된 기록도 많이 남아 있다. 명나라 때까지는 중국 황제를 배알한다는 의미에서 중국으로의 사신여행을 조천朝天, 그 기록을 조천록이라 하고, 청나라 이후로는 북경을 연경燕京으로 불러서 사신여행을 연행, 그 기록을 연행록燕行錄이라고 한다. 바다를 건너 일본에 통신사로 다녀와서 쓴 기록은 해사록海槎錄 또는 사행록槎行錄이라 한다. 현재 전하는 것으로는 중국을 다녀온 기록이 가장 많은데 200여 편이 넘는 것으로 보고되었다. 연암의 《열하일기》도 연행록 중의 하나로, 노가재 김창업1658~1721의 《노가재연행일기》와 담헌 홍대용1731~1783의 《담헌연기》와 더불어 조선에서 가장 많이 읽힌 연행록으로 알려져 있다. 또한 17세기 이후 조선의 사족士族들 사이에서는 이름난 산수를 유람하고 이를 그림이나 글로 남기는 일이 유행했다. 산수유기山水遊記, 혹은 유산기遊山記라고 부르는 이 여행기록은 17세기 이후 여행 문학의 한 전통을 이루었다.

    산수유람을 하고 그 내용을 그림으로 그리거나 글로 쓰고, 사신으로 외국에 다녀와서 기록으로 남겨 돌려 읽을 정도로 여행을 하고 여행기를 쓰는 것이 유행했지만 여기에 낄 수 있는 사람들은 많지 않았다. 특히 외국 여행을 할 수 있는 사람들은 양반들과 이들을 수행해 간 역관들과 하인들로 한정되었다. 그리고 이들은 모두 남성들이었다. 물론 남성들이라고 모두 여행을 할 수 있었던 것은 아니다. 국내 여행은 외국 여행에 비해서는 비교적 수월했지만 그것도 경제적·시간적 여유가 있어야 가능했다. 외교사절로 여러 번 중국 땅을 밟은 사람들도 있지만, 보통 선비들에게 외국 여행은 일생에 한 번 있을까 말까 한 일이었다. 35세에 처음 중국에 가게 된 담헌 홍대용도 평생 다시 하기 어려운 중국 여행을 위해 매일 근력을 다지고, 역관을 만나면 중국어 음과 말을 배웠다 한다. 이처럼 감격적인 여행을 하고 돌아온 홍대용은 한문으로《담헌연기》를 쓰고 다시 한글로 번역한《을병연행록》을 남기게 된다.

여성의 경우는 어떠했을까? 근대 이전 여성들에게 과연 여행이 가능했을까 싶을 정도로 전근대 여성의 여행에 대해서는 잘 알려져 있지 않다. 그러나 놀랍게도 4세기 후반 기독교 성지를 순례하는 여성 순례자들이 있었고, 그것을 기록한 여행기가 남아 있다.《에게리아의 여행기》로 불리는 이 기록은 에게리아라는 여성이 381년~384년 동안 콘스탄티노플을 거쳐 예루살렘에 가서 거기 머물며 많은 지역을 자유롭게 여행하고 남긴 기록이다. 서구의 경우 대항해시대 이후에는 여성들의 여행이 늘어나고 여행기가 출판되었으며, 일본의 경우 에도시대에 여성들이 여행을 하고 남긴 여행기가 백 수십 편에 이른다. 중국의 경우도 명대 이후 〈동귀기사東歸記事〉를 비롯해서 여성의 여행기가 많이 발견된다.

우리나라의 경우 조선시대에 접어들어 '내외법內外法'이나 부녀들이 절에 가는 것을 금하는 부녀상사금지법婦女上寺禁止法과 같이 사족 여성의 외출을 막는 법이 생기면서 여성들의 외출과 관광은 제약을 받기 시작한다. 이런 제약에 놓여 있던 여성들에게 여행, 그것도 외국 여행은 도무지 상관없는 이야기였을지도 모른다. 그러나 바깥세계를 보고 싶은 마음, 바깥을 향한 지적 호기심이 없었던 것은 아니어서 수적인 면에서는 적지만 조선후기에 이르러 여성들이 여행을 하고 남긴 기록들이 드물지 않게 발견된다.

조선후기의 기록들을 들여다보면 여성들이라고 해서 규방 밖을 벗어나지 못했던 것은 아니고 가족모임이나 혼인잔치에 참여하고, 때로는 관광할 기회를 가졌으며, 여행에 대한 열망을 거침없이 표현한 예들을 발견할 수 있다. 성리학자로 판서를 지낸 윤봉구尹鳳九, 1681~1767가 쓴 누이동생의 제문이 그 한 예를 보여준다.

윤봉구는 누이에 대한 기억들 가운데 누이가 젊은 부녀들과 함께 봄에 뒷산을 거닐던 장면을 떠올리고 어머니 제사 때 온 누이와 함께 팔괘정에 갔을 때 누이가 즐거워하던 모습을 떠올린다.

> 정축년1757년 초여름 금계현 관아에서 어머니 기일에 곡을 했는데, 누이도 임피 관아에서 금계로 보러 왔다가 나를 따라서 황호를 거쳐 가게 되었다. 나는 팔괘정의 두 호수가 경치가 뛰어난 곳이고 선현들의 유적이 많은 곳이어서 부인들도 한번 올라가서 구경할 만한 곳이라고 생각하고 함께 그곳에 갔다. 누이가 멀리 둘러보더니 기뻐하며 "백 리나 되는 광야에 큰 강이 굽이쳐 흐르니 정말 장관이에요. 부녀 평생에 한 번이나 있을까 한 상쾌한 일입니다"라고 했다.
> (여동생 신참의 부인에게 주는 제문)

또한 조카가 금강산을 여행한 뒤 가져온 금강산 그림을 보면서 그 아름다운 경치를 구경할 수 있으면 여한이 없겠다고 한 풍산 홍씨 부인1665~1719이나 잇단 흉년에 쌀 오백 섬을 쾌척해서 백성을 구휼한 제주 여인 김만덕1739~1812이 서울에 가서 임금 계신 곳을 보고 금강산 일만이천 봉우리를 보면 죽어도 여한이 없겠다고 한 이야기는 여성들의 여행에 대한 강한 열망을 보여준다. 김만덕은 실제로 서울도 구경하고 금강산도 유람했다. 물론 의도한 것은 아니었겠지만 엄청난 선행(쌀 오백 섬!)을 하고서야 얻은 포상이었다. 이외에도 남편의 관소에 따라갔다가 잠시 유람한 것으로 인해 문제가 되었다는 기록들이 더러 나오는 것을 보면 조선시대 여성들이 얼마나 여행을 하고 싶어했는지 그 마음이 짚인다. 담헌이 중국 여행을 다녀와서 한글로 쓴 《을병연행록》이나 《열하일기》 한글 번역본은 여성들에게 읽히기 위한 것으로 여행에 대한 갈증을 얼마간 채워주었다. 애초에 여성들이 국경을 넘는다는 것은 상상할 수 없는 일이었으니 여행기나 여행을 다녀온 남자들이 이야기하거나 보여주는 이국의 물건들로 그 지적 허기를 달랠 수밖에 없었을 것이다.

그런 중에도 적극적으로 행동에 나선 이들도 있었다. 관아 뒷간 옆에서 숨을 참으며 기생들을 구경하거나, 남편을 졸라 기어이 일출을 보거나, '여자로 태어났으니 깊이 들어앉아 문을 닫고 경전과 법도나 지키고 있어야 옳단 말인가'라고 질문하면서 남자 옷으로 갈아입고 혼자 여행을 감행하거나, 명절을 앞두고 집을 떠나 서울 구경을 하고 여행기를 남긴 여성들이 그들이다. 연안 이씨1737~1815의 〈부여노정기〉, 은진 송씨 1803~1860의 〈금행일기〉, 의유당 남씨1727~1823의 《의유당관북유람일기》, 김금원1817~?의 《호동서락기》, 강릉 김씨의 〈서유록〉은 바로 그 여행의 기록들이다.

구경 욕심에서 자기 발견까지

유교적 규범이 강화되면서 조선의 여성들은 외출이나 여행이 자유롭지 않게 되었지만 당당하게 집을 나설 때가 있었다. 양반여성이 친정에 가거나 남편이나 아들이 지방 관아로 부임하게 되어 같이 가는 경우이다. 그러나 그것도 지방에 부임하는 관리가 가족을 동반할 수 있게 된 18세기 중엽 이후나 가능한 일이었다. 익히 알려진 〈동명일기〉도 작자인 의유당 남씨가 남편의 부임지에 따라가서 함께 유람한 것을 기록한 것이다. 그 외 몇 편 남아 있지 않은 기행가사도 비슷한 경우이다.

가사 〈부여노정기〉는 작자인 연안 이씨가 아들이 부여 현감으로 부임한 뒤 남편과 함께 부여까지 동행하여 남편의 회갑연을 연 것을 기록한 것이다. 〈금행일기〉는 작자인 은진 송씨가 지금의 공주인 금영錦營 관리로 부임한 시숙의 관아를 다녀와서 지은 가사작품이다. 1845년 헌종 11년의 일이다. 연안 이씨와 은진 송씨는 양반 부인이라는 체면을 의식하면서도 여행에 대한 기대, 집 밖에 나온 해방감, 구경 욕심, 아쉬움 등을 솔직하게 드러내고 있어 이 가사들을 통해 규중에 갇혀 있던 여성들의 기분과 내면을 엿볼 수 있다. 아들의 부임 소식을 듣고 안동을 출발한 연안 이씨는 "주렴을 잠깐 들고 멀리 바라보니, 산천도 수려하고 지세도 트여 있다, 사십 년 막힌 가슴이 이제야 트이도다"라고 규방을 나온 감격을 노래하고 "아해야 술 부어라 취토록 마시리라"고 하면서 한껏 기분을 낸다.

두 작품 모두 경사스러운 일을 계기로 하는 여행이지만 출발하기까지 그 과정이 수월하지는 않다. 은진 송씨는 정월에 금영에 다녀오기로 계획을 세우지만 '여편네 관아 출입이 정초에는 긴요하지 않다'고 해서 삼월로 미룬다. 금영에 도착한 뒤 금강에서 선유船遊, 뱃놀이를 즐기고 금강에서 펼쳐지는 놀이에도 참여하지만 대낮에 하지 못하고 달밤으로 미뤄지기도 한다. 그럼에도 보고 싶은 구경거리를 놓치고 싶지 않아 구차함을 무릎쓰는 재미있는 광경을 연출하기도 한다. 은진 송씨는 관아에서 기생들을 점고하는 모습을 몹시 보고 싶었던 것 같다. 하지만 양반 부인 체면에 대놓고 나서서 볼 수 없다. 그래서 측간과 마구간이 있는 곳에서 악취를 맡으며 숨어서 엿본다. 은진 송씨는 스스로 구차하기 짝이 없다고 하면서 구경 장면을 이렇게 묘사한다.

> 중문 밖 막 나서니 구경처는 지척이오
> 행랑은 게서 머니 다 각각 틈을 얻어
> 몸을 숨겨 엿보니 구차도 막심하다
> 좌편은 책실 측간 앞으로 마구간 벽
> 악취가 밀고 들어오나 구경 욕심으로
> 처음과 끝 보려 하니 전후 차례 점고 절차
> 고을마다 한가지라 차례로 기생점고
> 모양도 볼 것 없고 복색도 기괴하다

구경 욕심. 아마 이것은 집 안에 있던 여성들이 여행에 가졌던 일차적인 기대요 욕심이었을 것이다. 은진 송씨는 강가에 놀러가서 쌍계사가 가깝고 총벽암과 금벽정도 가깝다고 하면서 이곳들을 보고 싶은 구경 욕심을 드러낸다. 그러나 곧 "여편네 이 구경도 꿈인가 의

심하니 이밖에 더 바랄까"라고 하며 볼 수 있는 것이나 자세히 보아서 일기로 기록하였다가 부모님께 보이리라 마음먹는다. 그 일기가 바로 〈금행일기〉이다.

연안 이씨나 은진 송씨의 여행은 일종의 가족여행의 성격을 갖는다. 여성 혼자 떠나거나, 혹은 여성의 자발적인 바람에 의해 이루어진 여행이 아니다. 하지만 이들의 기대나 들뜸을 보면 구경을 떠난다는 것 자체가 의미 있는 일이었던 것 같다. 당시 여성들의 상황을 생각해보면 양반 신분이나 지방 관료 가족이 누릴 수 있는 특혜였다. 이는 분명 특별한 기회로, 그런 점에서 이들의 여행은 특권의 하나이기도 했다.

그럼에도 불구하고 이 기행가사들은 깊고 깊은 규방 안의 여성들이 일상을 벗어나 외부세계를 구경하면서 여행을 즐기는 한편, 외부세계와 접하면서 자신이 규중의 여자라는 것을 새삼 깨닫는 과정을 보여준다는 점에서 각별한 의미를 갖는다. 은진 송씨가 '만일 남아였다면 팔도강산을 두루 놀고, 부모에도 효도하고, 출세해서 부모도 빛냈을 텐데 전생의 죄가 중해서 규방에 매인 몸이 되어 일마다 원하던 것과 다르다'고 한 것도 여행을 할수록 갇힌 몸을 더 의식하게 된 결과가 아니었을까. 이들은 외부세계를 향해 떠났으나 결국 자신의 자유롭지 못한 신세를 깨닫는 데로 돌아온다. 여행은 자신을 향해 떠나는 길이고 그 끝에는 자기 발견이 놓여 있다.

의유당의 호쾌함과 여행

조선시대 여성이 쓴 본격적인 여행기로는 《의유당 관북유람일기》와 김금원의 《호동서락기》를 꼽을 수 있다. 두 작품이 특별한 것은 여행을 통해 삶의 의미를 확인하고 있다는 점, 그리고 그것이 여성의 자의식과 연결된다는 점 때문이다. 앞서 〈부여노정기〉나 〈금행일기〉를 쓴 여성들도 여행을 일대의 큰 기회로 여기고 기대하고 즐거워했지만, 여행을 스스로 기획하지는 못했다. 그러나 의유당이나 금원은 적극적으로 여행을 추진하고 실행했다는 점에서 이들과 차이를 드러낸다.

《의유당관북유람일기》는 의유당 의령 남씨가 남편을 따라 함흥에 가서 다닌 여행을 기록한 글이다. 여기에는 〈낙민루〉1769, 〈북산루〉1771, 〈동명일기〉1772 등의 한글 작품이 실려 있다. 의유당은 함흥판관을 지낸 신대손의 부인이자, 정조비인 효의왕후 1753~1821의 이모이다.

신대손은 신립의 후손으로 아버지는 이조참판을 지낸 신방1686~1736이며, 호조참의를 역임한 신경1696~1766이 숙부이다. 신대손의 누이, 즉 의유당의 시누이는 혜경궁 홍씨의 숙부인 홍인한1722~1776의 부인으로 혜경궁 홍씨에게 언문을 가르친 이로 알려져 있다. 의유당은 이렇게 친정과 시가가 모두 명문거족이었다. 함흥에 갔을 무렵도 이런 여유로움이 유지되던 때였다.

의유당의 여행은 신대손이 함흥판관으로 간 뒤에 이루어진다. 의유당은 1769년영조 45년 서울을 떠나 함흥에 도착하자마자 만세교와 낙민루를 구경하고, 2년 뒤인 1771년에는 북산루와 서문루를 둘러본다. 의유당 하면 〈동명일기〉를 떠올리지만 그 전에 쓴 〈낙민루〉와 〈북산루〉도 그냥 넘길 수 없는 글들이다. 이 글들은 정자나 누각 같은 건축물을 둘러보고 쓴 글로 누정기樓亭記의 형식과 유사하다. 그러나 이 글들은 누각이 지어진 유래와 역사, 건축물의 모양, 주위 경관에 대한 사실적인 묘사보다는 거기서 이뤄진 놀이와 자신의 기분을 표현하는 데 더 치중하고 있다. 〈낙민루〉는 1769년 8월 24일 서울을 출발해서 9월 2일 함흥에 도착한 날 본 것을 간략하게 서술한 글이다. 〈북산루〉는 북산루와 서문루를 둘러본 감상뿐만 아니라 그 주위의 경관, 누각에서 즐긴 풍류에 대해 섬세하게 묘사하고 있다. 종일 즐기다 돌아온 뒤 현실로 돌아오는 부분의 묘사도 인상적이다.

아래는 그 한 대목으로 종일 놀고 돌아와서 자신의 방으로 들어서는 순간, 문득 방금 전까지 눈앞에 펼쳐지던 것이 순간적으로 사라지고 꿈에서 깨듯 현실로 돌아올 때의 기분을 생생하고 유쾌하게 묘사하고 있다.

군문대장이 밤 행차에 비단초롱을 켠들 이렇게 화려할까. 군악이 귀를 울리고 초롱 빛이 환히 비추니 마음에 규중의 보잘것없는 여자임을 아주 잊게 하고, 허리에 다섯 도장이 달리고 몸이 문무를 갖춘 장수요 재상으로 공을 세운 것이 높고 커서 어디선가 군대의 공을 세우고 승전곡을 연주하며 태평한 궁궐로 향하는 듯했다. 좌우의 불빛과 군악이 내 호기를 돕는 듯, 몸이 여섯 마리 말이 이끄는 수레에 앉아 대로를 달리는 듯, 뛸 듯이 즐거운 마음으로 오다가 관아 문에 이르렀다. 내아의 마루 아래서 가마를 내리니 화려한 초롱이 뭇별이 햇빛을 받아 떨어지듯 사라졌다. 심신이 아쩔하여 몸이 저절로 대청에 올라 머리를 만져보니 구름머리 꿴 것이 고아 있고 허리를 만지니 치마가 둘러 있었다. 이 몸이 여자임을 분명히 깨닫고 방안으로 들어오니 바느질하고 옷감 짜던 것이 좌우에 놓여 있어 손뼉을 치며 웃었다.

〈북산루〉 58~59면

불 환히 밝히고 풍류 앞세우고 돌아오는 길. 여자임을 잊을 정도로 호쾌한 기분이었으나 집에 들어서자 별이 떨어진 듯 화려한 불빛이 사라진다. 흥이 다하고 난 뒤의 비감悲感. 그런 기분으로 나갈 법도 한데 여자임을 깨달은 의유당은 방 안에 들어가 바느질하고 베 짜던 것이 놓여 있던 것을 보고는 손뼉을 치며 웃는다. 반전이다. 한껏 고양된 기분에서 갑자기 불이 나간 듯한 느낌으로 분위기는 급전직하하는 것 같지만, 여기서 웃음이 터져 나온다. 우리는 그 웃음소리에서 얻어맞듯 여자라는 존재의 위치를 본다. 그러나 의유당은 한 마디 비탄도, 쓸쓸함도 표현하지 않는다. 서문루를 보고 나서 쓴 부분에서도 의유당은 "이 날 밤이 다하도록 놀고 왔다"고 실컷 놀다 온 만족감으로 글을 마무리한다.

몸과 마음이 뛸 듯이 기뻐 음식을 많이 해다가 기생들을 실컷 먹이고 즐겼다. 중군이 밝은 달빛을 띠고 대완마를 타고 누하문을 나가는데 풍류를 치고 만세교로 나가니 시끄럽게 들썩거리며 행차를 알리는 소리가 또한 신기했다. 사람들이 서로 손을 잡고 잡담하면서 무리지어 다니는 것이 서울 같아서 무뢰배가 기생집으로 다니며 호강을 하는가 싶었다.

이 날 밤이 다하도록 놀고 왔다. (《북산루》 61면)

동명의 해돋이 구경
—

의유당의 동명 여행은 1771년, 1772년 두 번에 걸쳐 이루어진다. 동명은 함흥부에서 동쪽으로 50리쯤 떨어진 곳에 있는 지역으로 일출 구경으로 유명한 곳이다. 지금 우리는 가볼 수 없는 곳으로 어쩌면 의유당의 일기로만 짐작할 수 있는 곳이 아닌가 싶다. 의유당은 1769년 함흥에 도착해서부터 '해돋이와 달맞이가 봄 직하다'는 말을 듣지만 관아에서 50리나 떨어져 있다는 말을 듣고 심란해할 뿐 엄두를 내지 못하다 기생들이 '못내 칭송하며 거룩하다'고 하자 '마음이 들썩여' 원님인 남편 신대손에게 가기를 청한다. 하지만 남편은 "여자의 출입을 어찌 가볍게 하겠는가"라며 일언지하에 거절한다. 의유당이 '마음이 다시 들썩여' 간절히 청하자 남편이 허락해서 1771년 8월 20일 동명에 가게 된다. 날이 흐려 해돋이를 보지는 못하지만 바다에서 그물질하는 것을 구경하고 귀경대, 격구정을 구경한다. 비록 해돋이를 보지는 못하지만 여자의 몸으로 드넓은 바다의 물결을 보고 물고기 잡는 것도 보았으니 세상 사는 것이 헛되지 않다고 자부하며 일출과 월출을 못 본 것을 위로한다. 그리고 봉우리 아래 악공을 숨겨놓고 한바탕 악기 연주를 시키고 군복 입은 기생은 춤을 추게 해서 흥을 내고 남편이 먼저 떠나자 마음 놓고 놀기도 한다. 얼마나 신나게 놀았던지 마을 여자들이 굿인 줄 알고 구경하러 올 정도였다.

1772년 다시 가보기를 청하나 남편이 허락하지 않자 의유당은 "인생이 얼마나 되오? 사람이 한번 돌아가면 다시 오는 일이 없고, 깊은 근심과 지극한 아픔을 쌓아 내내 우울하니, 한번 놀아 울적함을 푸는 것이 만금과도 바꾸지 못하리니 덕분에 가고 싶소"라며 빈다. 의유당은 남편에게 빌었다고 쓸 정도로 간절히 원하고, 끝내 자신이 원하는 바를 이룰 정도로 적극적이다. 이렇게 해서 쓰여진 글이 〈동명일기〉이다. 〈동명일기〉 중에서도 해돋이 장면을 묘사한 문장은 한글 산문에서 빼어난 것으로 평가된다.

두 번째 동명행은 1772년 9월 17일에 떠나 동명 귀경대와 격구정을 보고 태조 이성계의 옛집인 본궁本宮을 둘러보는 것으로 1박 2일의 짧은 여정이다. 〈동명일기〉의 내용으로 의유당의 여행을 따라가 보면, 군복 입은 기생 두 쌍과 아이 기생 하나가 말을 타고 나는 듯이 가고, 군악이 가마 앞에서 '늘어지게' 연주하는데 말 두 마리가 앞뒤로 메고 가는 쌍가마를 타고 가는 호사스러운 여행이다. 지방 관리를 남편으로 둔 양반 부인의 호사를 톡톡히 누린 셈이다.

의유당은 길을 떠나 서울의 시장과 다름없이 화려한 시장을 구경하고, 점심으로는 전복 회를 먹고, 배를 타고 선유船遊를 즐기고, 바삐 저녁을 먹고 월출까지 본다. 그러나 여기까지는 서론에 불과하다. 〈동명일기〉에서 가장 재미있고 생기 있는 부분은 아마도 일출을 기다리는 초조함과 날도 새기 전에 숙소를 나서서 추위에 떨며 해가 뜨기를 기다리는 장면일 것이다.

의유당은 '행여 일출을 못 볼까 노심초사하여 밤새도록 자지 못하고' 일출을 볼 수 있을지 사공에게 물어보게 하고 볼 수 있을 거라는 대답에도 '미덥지 않아' 계속 초조해한다. 이렇게 자지도 않고 기다리던 의유당은 닭이 울자 얼른 다 깨우고 너무 일러서 못 떠난다는 관청 감관의 말도 듣지 않고, '발발이 재촉해서' 끓여놓은 떡국도 먹지 않고 귀경대에 오른다. 그날 음력 9월 18일은 양력 10월 중순부터 11월 초순 무렵으로 이때쯤 함흥 지역의 기온은 영하로 내려가는 쌀쌀한 날씨니 아마 무척 추웠을 것이다. 이른 새벽에 귀경대로 오르니 별은 '말곳말곳'하고 날이 새기는 멀었는데, 자던 아이는 '추워 날뛰며', 기생과 종들이 다 '이를 부딪히며' 떠니 사정도 모르고 남편이 '일찍 와서 아이와 안사람이 병나게 생겼다'고 걱정하지만, 의유당은 불안해서 한 소리도 못하고 추워하는 눈치도 못 했다고 쓰고 있을 뿐 그렇게 일찍 나온데 대해 별로 미안해하지 않는다.

이렇게 해서 드디어 의유당 일행은 일출을 구경하게 된다. 〈동명일기〉에서 일출에 대한 묘사는 특히 섬세하고도 화려하며, 생동감이 있다. 일출을 보고 싶은 초조함 뒤에 일출 장면이 펼쳐지기 때문에 이 대목은 더 극적인 느낌을 준다. 의유당은 기존의 관습적인 표현이나 관념적인 표현을 쓰기보다는 자신이 직접 본 바로 그 현장의 느낌을 쓴다. 해가 떠오르기 직전 만경창파가 붉어지며 하늘에 자욱하고, 물결소리 웅장하며,

물빛이 황홀하게 비치기 시작한 것을 두고 의유당은 '차마 끔찍하였다'라고 표현한다. 자연의 생동함, 웅장함을 마주하고 터져 나온 감탄을 느낌 그대로 표현한 것이리라.

　의유당은 구경을 마치고 나서 즐겁기가 '귀중한 보물'을 얻은 것 같다고 만족해한다. 그것도 그럴 것이 그 여행은 "인생이 두루 괴로워 위로 두 녘 부모가 다 안 계시고, 끔찍한 일을 두루 보고, 동생이 영락해서 마음이 두루 괴롭고 지극한 아픔이 몸을 짓눌러 세상에 흥이 없다가" 얻은 기회였기 때문이다. 호사스러운, 그러나 짧은 여행 뒤에는 일상을 누르는 무거운 현실이 있었던 것이다. 그것을 벗어나지는 못하지만 의유당은 '이 무지한 여자로서 구경'하고 호방하고 자유분방한 필치로 곧바로 그 여행을 기록한다. 다시는 얻기 어려운 기회일 것이기에. 18일에 돌아와 21일에 기록한다고 했으니 사흘도 지나지 않아 쓰기를 마친 것이다.

　의유당은 친정도, 시집도 명문가에 속하는 집안의 여성이다. 언니의 딸이 정조의 비인 효의왕후가 되었으니 왕후의 이모이고, 남편의 여동생, 즉 시누이가 혜경궁 홍씨의 숙모이다. 그런데 의유당의 말년은 쓸쓸했던 것 같다. 12남매를 낳았지만 한 명만 남고 모두 일찍 죽는다. 말년까지 의유당을 보살핀 사람은 효의왕후였다고 한다. 70여 년을 사는 동안 다닌 몇 번의 여행이 아마도 그녀에게 가장 빛나는 시간이었을 것이다.

남장하고 떠난 금원의 여행
―

1830년 봄 강원도 원주에 살던 열네 살의 김금원 金錦園은 머리를 땋고, 남자 옷을 입고 집을 나선다. 부모에게 여러 번 간청한 뒤에야 허락을 받고 여행에 나선 길이었다. '새장에 갇혀 있던 매가 새장을 나와 푸른 하늘로 솟구쳐 오르는 것 같고, 천리마가 재갈을 벗어 던지고 천 리를 내닫는 것' 같은 해방감을 느끼며 금원은 제천 의림지에서 시작하여 금강산, 관동팔경의 긴 여정을 밟는다. 이어 설악에서 서울까지 간 금원은 시골에서 성장해서 안목이 좁은 자신을 보게 되고, 성안을 두루 살펴보고 나서 여행을 끝낸다. 금원은 후에 이 여행의 경험을 《호동서락기湖東西洛記》라는 한문 여행기로 남긴다.

원주 출신의 금원은 금앵錦鶯이라는 이름의 관기官妓 생활을 하는 동안 시를 잘 쓰는 기녀로 알려졌으며 의주부윤을 지낸 김덕희의 소실이 된 뒤에는 서울 용산 삼호정에서 시회詩會를 주도한 시인이다. 금원은 경전과 역사서에 밝고 시문에 능했는데 어렸을 때 병을 자주 앓아서 부모가 집안일 대신 글을 가르친 결과였다.

《호동서락기》는 금원이 서른네 살 되던 해인 1850년에 펴낸 여행기로 어린 날 제천 의림지, 금강산, 설악산 등지를 돌아본 내용과 이후 의주 생활을 거쳐 서울로 돌아와서 용산 삼호정에서 여성 시인들과 시회를 하며 지낸 일을 기록하고 있다. 《호동서락기》의 앞부분은 금원이 한미한 집안의 딸로서 왜 여행을 떠나고자 했는가를 밝히는 부분으로 금원의 도전적인 생각을 볼 수 있어 중요하게 간주되어왔다. 금원은 왜 그토록 여행을 떠나고자 했을까?

금원은 사람의 일과 살아 있는 것들은 모두 달라서 만물 중 뛰어난 인간으로 태어나도 남자와 여자가 다르고, 지식과 도량이 다르고, 장수와 요절이 다르고 귀함과 천함이 모두 다르다는 말로 글을 시작한다. 이런 세상의 변화와 이치는 어떻게 깨달을 수 있을까? 금원은 직접 산의 거대함을 보지 못하고 많은 사물을 경험하지 못하면 세상의 변화와 이치에 통달하기 어렵다고 말한다. 그러면 직접 나가서 산하를 보고 세상일을 경험할 수 있는 사람은 누구이고 할 수 없는 사람은 누구인가? 금원은 신분보다 성별에 주목한다. 그래서 "여자는 발이 규문 밖을 나가지 못하고 오직 술 빚고 밥 짓는 것만을 의논해야" 하기 때문에 세상을 볼 기회가 없어 뛰어난 여자가 없거나 드물다고 하면서 규중에 깊이 있어 그 총명과 식견을 넓히지 못하고 사라져버린 여자들에 대한 안타까움을 표현한다. 이어서 '하늘이 총명한 재주를 주었는데 문명한 나라에서 무엇인가를 성취할 수 없는가' '여자로 태어났다고 문을 닫아걸고 법도를 지키는 것이 옳은가' '한미한 집안에 태어났다고 처지에 맞게 살다가 이름 없이 사라져버리는 것이 옳은가'라는 질문을 반복하고, 여행을 결행한다. 부모도 붙들지 못한 당차고 당당한 발걸음이었다.

그녀의 걸음을 부추긴 것은 바깥에도 있었을 것이다. 금원이 살았던 19세기, 서울을 비롯한 도회는 시장이 발달하고, 남성 지식인들은 시모임을 통해 문예를 즐기는 한편, 여행을 통해 새로운 지식과 문명을 습득하고 교환하느라 부산하게 움직이고 있었다. 여성들은 이것을 공유하지 못했지만, 이 무렵 여성들의 시선도 밖을 향하고 때로는 여행을 하거나 모임을 만들기도 했던 것 같다. 금원의 여행과 시모임에서 그 단적인 예를 본다. 그러나 호연지기를 기르고, 세상을 보고 경험해서 이치를 깨달았을지라도 그 여행의 끝은 남성 지식인들의 그것과는 달랐다. 그토록 경쾌하게 집을 떠났고, 기세 좋게 여행을 한 금원도 여행을 끝낸 뒤 새삼 초라한 자신을 발견하게 된다. 금원은 남자 옷을 입은 자신을 보면서 여자가 남자 옷을 입는 것이 예사로운 일이 아님을 인정하고, 오랜 소원인 여행을 두루 했으니 '이제 그만하고 본분으로 돌아가자'고 스스로를 타이른다. 집을 떠나 산수를 둘러보고 세상을 직접 볼 수 있었던 금원은 세상 속에서 자신의 위치가 어디쯤인지 가늠하게 되었던 것 같다. 그래서 '이제 좋은 경치를 두루 즐겼고 오랜 소원을 이루었으니 그만 하는 것이 좋으리라. 본분으로 돌아가 부녀자의 일에 힘쓰는 것이 좋지 않겠는가' 하고 남자 옷을 벗고 '머리 올리지 않은 여자'로 돌아온다.

그런데 여기서 본분으로 돌아간다는 것이 무엇을 의미하는지는 정확하게 알 수 없다. 단지 여자 옷으로 갈아입었다는 의미인지, 혼인을 했다는 것인지 분명하지 않다. 금원은 또한 자신이 금앵이라는 기녀였던 것을 전혀 언급하지 않는다. 서울에 와서 남장한 자신의 모습을 보고 문득 본분으로 돌아갈 생각을 했다고 한 뒤 금원은 바로 김덕희와의 혼인을 이야기한다.

서울에 와서 김덕희의 소실이 된 금원은 1845년 김덕희가 의주부윤으로 갈 때 함께 가는데 이것이 두 번째 여행이다. 금원은 김덕희가 부임지로 출발할 무렵 혼자 먼저 출발해서 송도의 만월대와 선죽교, 청석관, 평양의 연광정과 부벽루를 보고 안주를 거쳐 의주로 가는데 《호동서락기》에 이 때 본 것들을 기록하고 있다.

김덕희가 의주부윤에서 물러난 뒤 금원은 서울에 돌아와 용산에 머물며 동생인 김경춘, 박죽서1817~1851, 김운초1800?~1850?, 경산 등 여성 시인들과 어울려 시회를 연다. 집 밖으로 나가는 대신 그녀 자신이 중심이 된 새로운 문화공간을 만든 것이다. 여기에 모인 인물들은 죽서를 제외하면 관기 출신의 소실들로 문학사적으로도 높은 평가를 받는 인물들이다. 이들의 모임은 이후 '삼호정시사三湖亭詩社'라 불린다. 시사는 시동인 모임과 같은 것으로 삼호정이라는 정자에서 모였다고 해서 붙여진 이름이다. 삼호정시사는 남성 문인들을 의식하지 않고 여성들 스스로가 중심이 되어 시를 짓고 즐기는 공간이었다. 금원이 자신의 여행기를 이 모임에 관한 이야기로 마무리하는 것도 금원에게 이 모임이 그만큼 중요했다는 뜻이다.

금원의 여행이 남긴 것

금원은 《호동서락기》 끝부분에 삼호정시사에 대해 기록한 뒤 자신의 여행을 이렇게 반추한다. "평생의 맑은 놀이를 돌이켜 생각하니 산수 사이에 발자취를 남기며, 기이하고 아름다운 경치를 찾아 아름다운 곳을 두루 다녔다. 남자도 하기 어려운 일을 할 수 있었으니 분수에 족하고 소원도 이룬 것이다." 그러나 곧 금원은 정작 자신의 여행이 넓고 넓은 세상의 한 모퉁이를 본 것일 뿐이고, 자신이 맑은 놀이를 즐겼다고는 하지만 덧없는 인생이 즐기기에도 부족한 한 순간일 뿐임을 깨닫는다. 그럼 무엇을 할 것인가? 금원은 글로 써서 남기는 것을 선택한다. 글로 전하지 않으면 '지금의 금원'을 아무도 모를 것이고 그것은 정말 허무한 가운데 허무한 일이라고 생각했던 것 같다. 그래서 남은 것이 여행기 《호동서락기》이다.

그런데 《호동서락기》는 어디 어디를 가서 무엇을 보았고, 무엇을 느꼈는가를 기록하고 그때 쓴 시들을 넣어서 현장성을 확보하고 있기는 하지만 날짜 기록이 없다. '의림지에서 뱅어회를 먹고' '지장암에서 국수 한 그릇을 먹고' 사흘을 머물렀으며, '비구니가 있는 청련암에서 과일과 채소를 먹었는데 담백해서 먹을 만했다'는 등 장소, 음식 등까지 세세히 밝히기도 하지만 언제였는지는 알 수 없다. "내산, 외산을 다 둘러보고 관동팔경이 보고 싶어서 통천으로 향했다"거나 "팔경을 대략 다 보고 나서도 미련이 남아 인제로 가서 설악산을 찾았다"고 노정을 밝히고 있지만 꽤 긴 시간 동안 집 바깥에서 어떻게 지냈는지 자세하지 않다. 의주 여행 기록 역시 날짜가 나오지는 않지만 가는 길에 본 것들과 의주에서 생활하면서 보고 들은 것들이 구체적으로 기록되어 있는 것과는 다소 차이가 있다.

> 마침내 한번 웃고 붓을 들어 유람한 전말을 간략히 기록하니 이른바 백분의 일 정도이고 시로 읊은 것은 흩어져 없어져 모으지 못해 또한 대략 써서 한가할 때 와유臥遊할 거리로 삼는다. 그 유람한 바가 호중湖中 네 군부터 돌아서 관동, 금강산과 팔경에 갔다가 또 서울에 이르고, 마지막에는 관서 용만의주부까지 갔다가 다시 서울로 돌아왔기 때문에 이름을 '호동서락기'라 한다.
>
> 《호동서락기》 164면)

금원의 여행기가 다른 여행기에서 볼 수 있는 날짜

나 숙소, 가는 길 등을 자세하게 기록하지 않은 사정을 여기서 짐작할 수 있다. 의유당이 동명에 갔다 와서 바로 여행기를 쓴 것과 달리 금원은 처음 여행을 한 지 20년이 지나 여행기를 썼던 것이다. 그래서 첫 번째 여행 기록에서 아름다운 경치를 탐하면서 그 경관을 묘사하고 느낌과 감흥을 표현하지만 여정이 아주 자세하지는 않다. 뒤에 경춘이 《호동서락기》를 평하면서 유람한 내용을 '들쭉날쭉 서술하고 있다'고 한 것도 첫 번째 여행과 두 번째 여행 기록 사이의 차이에 대한 지적일 것이다.

그럼에도 불구하고 금원이 금강산의 수려함과 관동팔경의 아름다움과 서울의 화려함을 빠른 호흡으로 묘사하면서도 봉우리나 절, 풍경 등에 관한 전설이나 고사들을 자세히 기록하고, '계문연수'처럼 사람들이 잘못 알고 있는 사실을 바로 잡기 위해 논증을 시도한 부분들은 주목할 만하다. 또한 그때그때 느낀 감흥을 표현한 시들은 시인으로서의 금원의 면모를 엿보기에 충분하다.

여행기 마지막에 있는 평문과 발문으로 미루어 《호동서락기》의 첫 독자는 아마도 삼호정시사의 경춘, 운초, 경산, 죽서 들이었던 것 같다. 이들은 금원의 여행기를 어떻게 읽었을까? 경춘은 금원을 "여자로서 남자도 하기 어려운 것을 하고자 한" 사람이라 했는데 남자도 하기 어려운 일은 금원의 여행을 말한다. 운초는 금원을 "여자 가운데 호걸"이라 했으며, 죽서는 《호동서락기》를 '짧은 글이지만 기세가 흘러넘치고 시에는 아름다운 소리가 있다'고 평했다.

도시의 신문명을 찾아, 노부인의 서울 여행

〈서유록〉은 강릉 김씨 부인1862~1941이 한글로 쓴 서울 여행기이다. 김씨 부인은 1913년 8월 3일 남편과 함께 막내딸을 데리고 강릉을 출발, 대관령을 넘어 열흘 가까이 걸어서 8월 12일 서울에 도착한 뒤 서울을 두루 구경하고 9월 8일 강릉으로 돌아온다. 약 37일간의 여정이다.

강릉 김씨는 의유당이나 금원에 비하면 거의 알려지지 않은 인물이다. 강릉 김씨는 누구인가? 그녀는 김연익金演翼, 1828~1896과 전의 이씨1824~1895의 셋째딸로 태어나 강릉 최씨 집안의 최동길崔東吉, 1862~1936과 결혼해서 5남 2녀를 낳았다. 조선 말기에 태어나 해방 이전까지 살았던 강릉 김씨는 강릉에서 태어나 강릉에서 평생을 살았던 여성으로 신식 교육을 받지는 않았지만 책 읽기를 즐겨하고 신문도 애독할 정도로 세상일에도 관심이 많고 계몽된 의식을 가지고 있었으며 글쓰기에도 능했던 것으로 보인다. 〈서유록〉을 연구한 박미현의 조사에 의하면 김씨 부인은 언제나 책상을 앞에 두고 책을 읽고 있거나 책상 주변에 늘 책을 쌓아두고 있었던 모습으로 후손들에게 기억될 정도로 책을 가까이 했다고 한다.

김씨 부인의 서울 여행은 52세에 이루어진다. 김씨 부인은 자신이 여행을 결심한 것은 장손과 손자며느리가 죽는 큰 슬픔을 겪고 원통함과 울분을 견디지 못해서라고 밝히지만 여기에는 남녀를 불문하고 서울 구경을 못 하는 것은 부끄러운 일이라는 생각도 깔려 있었다. 서울 구경을 못 하는 것이 왜 부끄러운 일이 되었을까? 이는 개항 이후 서울의 변화와 관련이 있다. 개항 이후 서울을 비롯한 큰 도시는 철도가 놓이고 전기, 수도 같은 시설이 갖추어지고 상공업과 교통이 발달하면서 근대도시로서의 면모를 띠게 되었다. 20세기 초 "한 폭의 별건곤"(《경성유람기》)을 이룬 서울의 이러한 변화한 모습은 시골 사람들의 호기심을 끌었으며 산수자연을 찾아다니던 여행객의 발길이 서울 등 도시로 향하기 시작했다.

시대가 달라졌기에 이전에는 규방 안에 있었던 여성들도 적극 여행길에 나서고 그 경험을 노래하거나 산문으로 기록한 것들이 늘어났다. 〈온양온수노정기〉는 육십 평생 집안 살림만 하던 시골 부인이 기차가 운행된다는 소식을 듣고 온양으로 온천 여행한 내용을 기록한 여행기이다. 광산 김씨로 알려진 이 여성은 예조 참판을 지낸 김기현金琦鉉의 외동딸로 송국로宋國老의 부인이다. 광산 김씨는 64세 되던 1905년 기차를 타고 온양에 가서 나흘간 머물면서 본 것을 자세히 기술하여 〈온양온수노정기〉라는 여행기를 완성하고 이를 《계룡산유산록》이라는 제목의 책에 수록하였다.

예전 같으면 떠날 엄두를 못 낼 일이지만 광산 김씨는 자신도 "어언지간에 백발이 되었으니 이제는 마음대로 하리라"《온양온수노정기》는 마음, 나이가 들었으니 눈치 보지 않겠다는 마음으로 집을 나선다. '지금 세상'은 전과 달리 예의가 없어져서 서울 부인, 시골 부인들이 늙거나 젊거나 간에 기차를 탄다고 해서 그동안 타고 싶었던 기차를 타기로 결정했다고 쓰고 있다. 온천에 대한 관심 못지않게 신문물인 기차에 대한 관심을 가지고 여행을 떠난 광산 김씨는 온천을 하면서 온천 시설을 자세히 관찰해서 묘사하고 신식 여관의 모습도 신기해하며 기술하고 있다. 강릉 김씨의 서울 여행 기록은 광산 김씨의 여행기에서 보는 것처럼 문명에 대한 관심을 표하고 있다는 점에서 〈온양온수노정기〉의 연장선상에 있지만 그 길이가 길고, 여성의식이나 문명의식이 한층 더 두드러지게 표현되어 있다.

강릉 김씨는 딸 연아를 데리고 남편과 함께 나귀에 짐을 싣고 걸어서 서울을 여행하고 돌아와 여행 중에 기록한 노정기를 참조하고 빠진 것을 보충해서 여행기를 다시 정리하고 이름을 '서유록'이라 했다.

> 그 이튿날 행장 풀어 소소한 것 나누어주고 얘기하려 하나 장황하여 노정기를 내놓고 이것 보면 대강 알 터이니 자세히 보고 들으라고 한 후 적을 말 많이 빠졌기에 다시 기록하여 '서유록'이라 이름하니 서울 구경한 자랑인 듯하나 보고 조롱 말면 고맙겠소. 다시 바라기는 다른 사람이 나보다 자세히 구경하고 이와같이 적어주면 반갑기도 하려니와 여자계의 진보되는 소식일 듯 천만이나 바라노니 우습다 허술하게 여기지 마오.
>
> 《〈서유록〉 222면)

강릉 김씨는 〈서유록〉과 한글로 번역된 《황성신문》 기사를 함께 엮어 한 권의 책으로 만들고 책 이름을 '경성유록'이라 했다. 《경성유록》은 총 110면으로 그중 〈서유록〉은 총 73면으로 200자 원고지 110매 정도의 분량이고, 《황성신문》 일부는 37면 정도의 분량이다. 〈서유록〉은 서울까지의 노정, 서울 구경, 강릉으로 돌아가는 길, 세 부분으로 구성되어 있는데, 서울까지의 노정에 약 20면, 서울에 머물며 구경한 기간에 38면, 서울에서 강릉으로 돌아가는 노정에 10면 정도가 할애되어 있어 단연 서울 구경이 중심이 된다.

김씨 부인은 8월 3일 장현마을을 출발해서 열흘 뒤인 8월 12에 서울에 도착하기까지 열흘간 오백오십 리 노정을 자세하게 쓰고 있다. 지나친 곳의 지명을 열거하고 지명과 관련된 이야기나 집안사람들과 관련된 일들을 세세히 기록한다. 또한 "~에 숙소를 정하니 온 길이 오십 리였다"라고 자신들이 간 거리를 쓰고 묵은 곳, 만난 사람, 도회의 모습을 빼놓지 않고 쓰고 있다. 그래서 김씨 부인 일행의 이 노정을 따라가면 1913년 당시 강릉에서 서울로의 여행길과 어디서 묵고 무엇을 먹으며 갔는지 소상하게 알 수 있다. 그뿐만 아니라 서울의 거리나 기차, 은행, 상점 등 처음 본 신문물에 대해서도 구체적이고 실감나게 묘사하고 있어서 당시 서울의 모습을 눈앞에 그려볼 수 있다.

> 떡전거리로 바로 가서 점심 요기를 잠깐 하고 홍릉거리에 다다르니 동대문까지 이십 리였다. 그곳에 쉬면서 구경하니 원산으로 왕래하는 화륜거가 번개같이 달아나고, 인력거며 자행거가 북같이 왕래하고, 나무바리 황아짐이 떼를 모아 출입하고, 구경하던 남녀들이 끊이지 않고 이어지는 가운데 번갯불이 번득하며 수 칸 되는 유리집이 노상으로 굴러오니 그것은 전차였다. 정거장을 구경한 뒤에 가군은 나귀 몰고 행로로 오게 서로 약속하고 연아를 데리고 전차 위에 올라앉았다. 번개같이 구르는 바퀴가 잠깐 멈추어 전차에서 내려서니 동대문 안에 벌써 이르렀다. 서울에 대해 많이 들었지만 귀로 듣고 눈으로 보는 것은 처음이라 정신이 아득하여 어떠한지 알 수 없었다. (《서유록》 194~195면)

서울을 처음 보고 정신이 아득하다고 한 김씨 부인은 서울의 신문물을 두루 구경하며 자신의 느낌을 솔직하게 이야기하는데 신문물들 중에서 가장 관심을 표한 것은 학교, 특히 여학교이다. 고향 사람이자 친척

이기도 한 김해진이라는 사람의 집에 하루 묵으면서 여학생인 그 집 딸을 보고 '여학교 있다는 말만 들었는데 진정한 여학도를 만난 것이다'라고 반가워하며 학교에서 배우는 것에 대해 차례로 문답한 내용을 자세하게 기록한다. 그리고 딸 연아에게 학교에 가고 싶으냐고 묻기도 하고, 강릉에 여학교를 세워보고 싶다는 생각도 한다.

학교 구경을 한 뒤에도 '서울 구경 중에서 가장 귀하고 반가운 것이 학생 다니는 모습'이라고 하며 교육에 관심을 표한다. 여행을 마치고 여행기를 마무리하면서도 여학교 이야기를 꺼낸다. 김씨 부인은 남녀를 물론하고 모두가 국민이니 남자 사회가 아무리 문명해도 여자 사회가 미개하면 중흥사업이 어렵다고 하면서 '열심히 여자 교육을 해볼까' 생각하다가 강릉을 생각하면 남학교도 드문데 여학교를 어떻게 설립하겠느냐고 하며 참담해한다. 김씨 부인의 여성교육, 여학교에 대한 관심은 당시 문명개화의 하나로 여성교육이 주장되던 것과 연관이 있는 것으로 보인다.

김씨 부인은 헌병파견소, 총독부를 보고 분개하기도 하고, 일본인들이 상업하는 모양을 보면 그 문명한 태도를 따를 수 없다고 말하기도 한다.

총독부를 바라보니 이층 양옥 돌집으로 처음에는 공사관으로 통감부가 되었다가 합방 후에 총독부가 되었으니 점입가경 일본 정책에 우리 마음 분하도다. 그러하나 서울 구경 잠깐 해도 그럴 수밖에 없을 것 같았다. 우선 제일 상업 권리 모두 그 사람들이 차지한 듯 진고개며 명동이며 구리개에 우리나라 사람의 집이 점점 드물어지고 일본 사람의 집은 점점 즐비하며, 상업하는 모양도 그 문명한 태도를 따르기 어려웠다. 《서유록》 209면)

김씨 부인은 어떻게 하면 우리나라가 문명한 나라가 될 것인지 고심한다. 교육에 대한 관심, 그중에서도 여학교에 대한 관심도 이와 무관하지 않다. 그녀는 여행기를 마무리하면서 영국 여성들의 참정권 운동, 여왕의 존재를 들면서 영국 여자계의 발달을 이야기하고, 남대문 정거장에서 일본 여성들이 사무 보는 것을 보고 일본이 동양 삼국 중 가장 문명한 나라라고 부러워하면서 여자계가 깨어나기 위해서는 여학교를 세워야 한다고 주장한다.

여학교, 여자계에 대한 관심은 김씨 부인이 여성으로서의 자신의 위치를 계속 의식하고 있다는 뜻이다. '여자 몸이 되어' '여자의 마음에도' '여편네 되어' '여자는 먼 길 출입이 없어' 등의 표현에서 보듯 김씨 부인은 여자라는 자신의 위치를 늘 떠올린다. 이 표현들은 마치 스스로가 제약 많은 여자인 것처럼 보이게 한다. 그러나 스스로를 이렇게 제약 많은 여자로 호명하지만 대부분의 경우 그 제약을 넘어서는, 혹은 넘어서려고 하는 존재로 재현하고 있다. 여자 몸이 되어 구경을 쉽게 못 했지만 지금은 하고 있고, 여자의 몸이지만 일본에 분노하고, 여편네 되어 서울 구경 어려운 일을 한, 그런 여자로 재현하는 것이다.

김씨 부인은 가사에도 크게 매이지 않는 것으로 보인다. 개인의 성향도 있겠지만 이는 아마도 그녀가 집안 어른의 위치에 있었던 것과 더 관련이 있을 것이다. 김씨 부인은 길을 가며 시집, 친정 여러 어른들이 과거보러 다니던 일을 생각하며 슬퍼하기도 하지만 집안이나 같이 간 남편, 딸에 대해 크게 매이지 않는다. 물론 멀리 떨어져 있는 가족의 안부를 궁금해하기도 하고, 여행 중 추석을 맞아 집안 식구를 떠올리다 죽은 손자 부부를 떠올리며 슬퍼하기도 하고, 조모와 존고 기일을 맞아 객지에 와 있어서 제사에 참여 못해 죄송해하기도 한다. 그러나 이런 기분이 지속되지는 않는다. 딸 연아의 병을 고치고자 했으나 위험해서 치료하지 못하게 된 것을 안타까워하지만 계속 그 문제에 골몰하지 않는 것으로 보인다. 그보다는 여행에 집중해서 구경을 통해 즐거워하고, 신문물에 대한 관심을 드러내며, 일본인 상점이나 거리의 발달된 모습에 감탄하기도 하고 일본의 헌병파견소를 보고 분개하면서 어떻게 하면 우리나라가 문명한 나라가 될 것인지, 여자계가 어떻게 하면 발달할 것인지 고심한다. 부산 정거장이 서울 남대문 정거장보다 더 크다는 말을 듣고 궁금해하다가 현실적으로 가볼 수 없다는 결론을 내리지만 "서울 구경도 못한 시골 부인이 전부인데 나는 구경 욕심이 너무 대단한 듯"하다고 스스로도 이야기하듯 새로운 세계에 끊임없는 호기심을 보인다.

강릉 김씨 부인에게 여행은 무엇이었을까? 그녀는 서울 여행을 통해 세계를 보고, 여자계를 보고, 동포가 무엇인지 깨달았다고 토로한다.

나의 생각에도 서울 구경 하여 별수도 없고 효험도 없다고 말할 터이나 지금 세계에 이전 풍속만 생각하고 들어앉으면 더구나 여자계의 암매함을 면치 못할 듯하다. 우리나라 이천만 동포의 일천만은 여자인데 여자계가 어두우면 나라 앞 길 어이할까. 나도 이 구경 아니

하였더라면 세계가 무엇인지 여자계가 무엇인지 동포가 무엇인지 몰랐을 터인데 구경한 효험으로 이것저것 아는 것 어찌 별수 없다 하리오. 《서유록》 218면)

여성의 여행기, 나의 언어로 세계를

관직에 있는 남편의 지원으로 여행한 양반 부인 의유당의 떠들썩한 행차, 남장을 하고 금강산 여행길에 오른 금원의 호기로운 걸음, 남편과 딸을 대동하고 도보로 떠난 강릉 김씨의 서울 여행이 남긴 여행기들은 닫힌 문을 열고 나가 바깥 세계를 마주한 여성들의 흥미로운 기록이다. 이들의 여행기가 포착하고 있는 여성들의 모습도 눈길을 끈다. 관아에 속한 기녀들과 시골 여자들(《동명일기》), 맨발로 미역을 따는 바닷가의 여자들과 여승들(《호동서락기》), 사무를 보는 일본 여자들(《서유록》)의 모습 등이 그것이다.

이처럼 조선시대로부터 20세기 초반에 걸쳐 나온 세 편의 여행기에서는 다채로운 여성들을 만나게 된다. 강릉 김씨의 경우는 20세기 이후이니 시대가 달라졌음을 감안하더라도 세 명의 여행자에게서 소위 조선시대

여성에게 요구된 부덕婦德에 얽매인 모습을 찾기 어렵다. 실컷 먹고 밤새 놀다 돌아온 의유당이나 남장을 입고 여행을 떠난 금원, 명절과 제사가 있었지만 여행을 떠난 강릉 김씨는 오히려 기존의 여성 규범을 벗어난 모습을 보여준다. 물론 이 여행은 이들의 삶을 전면적으로 바꾸지는 못한다. 이들은 다시 집으로, 여자의 일상으로 돌아가기 때문이다.

그러나 이들은 여행을 통해 여성으로서의 자기의 위치를 확인했기에 떠나기 전과는 다르다. 이들은 여행이라는 비일상적 경험을 통해 자신이 누구인가를 새삼 깨닫거나, 자신이 해야 할 일을 찾는다. 이들의 여행기에 빠지지 않고 나오는 것은 '여성'이라는 자기 발견이다. 그것은 규방 밖을 나서 세상을 구경하던 양반여성의 입에서도, 호기롭게 북산루를 다녀와 방 안에 들어서는 순간 바느질거리를 발견하고 박장대소하던 의유당의 입에서도, 여행을 마친 금원의 입에서도 약속이나 한 듯이 나오는 말들이다.

비록 여행이 일부 여성들에게 주어진 기회였다 할지라도 이들에게 있어 여행은 특별한 경험이었고, 그래서 이들의 여행기는 새로운 여성 주체의 형성을 보여준다는 점에서 각별한 의미를 갖는다. 이들의 여행은 규방의 일상을 벗어나게 하는 '한 호흡'이요, 세계를 직접 체험하려는 의지였으며, 이들의 여행기는 자신의 언어로 세계에 대해 이야기하려는 시도였다.

들썩임과 간절함
의유당관북유람일기

의유당

낙민루

 함흥의 만세교와 낙민루[1]가 유명하다고 해서 기축년1769년 팔월 이십사일 서울을 떠나 구월 이일 함흥에 왔다. 만세교는 장마에 무너지고 낙민루는 성 밖 서쪽에 있는데 누각 아래 문이 서울 흥인지문동대문 모양을 본떴으나 둥글고 작아서 겨우 독교[2]나 들어갈 수 있었다.

 그 문을 따라 성 밖에 누각이 있는데, 두 층으로 단을 만들어 아스라이 쌓아올린 뒤 그 위에 지은것이었다. 단청과 난간은 다 낡고 허물어졌으나 경치는 맑고 산뜻했다. 누각 위에 올라 서쪽을 보니 성천강은 폭이 한강만 하고 물이 몹시 맑고 깨끗했다. 새로 지은 만세교가 물 위로 대여섯 자나 높이 솟아 있는데 그 모

---

1 **낙민루**樂民樓 함흥부에 있던 누각. 앞에는 성천강이 흐르고 옆에 만세교가 있다.
2 **독교**獨轎 말 한 마리가 이끄는 가마.

양이 무지개가 휜 듯했다. 길이는 이쪽에서 저쪽까지 오 리라 하나 그럴 리 없고 삼사 리는 충분히 되는 것 같았다. 강가에 버들이 줄지어 서 있고 집들이 빽빽이 늘어서 있어서 별을 얽어놓은 것 같았으나 몇 가구나 되는지는 알 수 없었다.

 누각의 마루청을 밀어서 보니 그 아래가 아득하고 사닥다리가 놓여 있는데 나가는 문도 아주 작은 데다 어두워서 자세히 보지 못했다. 밖에서 아득히 우러러보니 높은 단을 두 층으로 쌓고 지은 정자가 마치 그림 속의 절 같았다.

북산루

　　북산루[3]는 구천각이라는 데 가서 보면 퇴락한 평범한 누각이다. 그 마루에 가서 바닥의 뚫린 데를 보니 사닥다리가 놓여 있어 내려갔다. 성을 쪼개듯이 갈라 구천각과 북산루까지 길게 쌓아서 북산루로 가는 길로 삼고 앞으로 내어 누각을 지었다. 북산루를 바라보며 갔는데 육십여 걸음이나 되었다.

　　북산루 문 역시 낙민루 문과 같았으나 그보다 훨씬 더 커서 허공에 솟은 듯 구름 속에 비치는 듯했다. 성의 담을 구천각으로부터 나오게 누각을 지었으니, 그 뜻이 교묘했다.

　　문 안으로 들어가니 적막한 굴 속 같은 집이었다.

3　**북산루**北山樓 함흥부 내의 명승지. 1613년 함경도 관찰사 한준겸이 적들이 침범할 때 망을 볼 수 있도록 가장 높은 곳에 구천각九天閣을 짓고 북쪽에 옹성을 쌓았는데 그 옹성 위에 지은 누각이다.

사닥다리가 있어 올라가 보았다. 광한전[4] 같은 큰 마루로 구간 대청이 널찍하고 단청과 회칠한 벽이 황홀했다. 앞을 내다보니 툭 트인 시야에 너른 벌이 펼쳐졌다. 멀리 보이는 것은 말을 달리는 터[5]로 기생들에게 타게 한다고 하였으나 멀어서 그렇게 하지 못했다.

동남편을 보니 무덤이 이어져 별이 펼쳐진 듯했다. 비감하여 눈물이 나 참을 수 없었다. 서편을 보니 낙민루 앞 성천강 물줄기가 거기까지 넘실대며 흐르고 만세교가 비스듬히 보이는 것이 더욱 신기하고 황홀하여 그림 속 같았다.

풍류를 동시에 울리니 큰 고을의 풍류라 소리가 길고 어울려 제법 들을 만하였다. 기생들이 모두 짝을 지어 마주 서서 춤을 추었다. 종일 놀다 날이 어두워져 돌아오는데 가마 앞에서 길게 풍류가 울리고 곱게 입은 기생들이 청사초롱 수십 쌍을 쌍쌍이 들고 서 있고 관아의 하인들이 횃불을 수없이 들고 나오니 가마 속 밝기가 대낮 같고 바깥 광경은 털끝을 셀 정도였다. 붉은 비단에 푸른 비단을 이어 초롱을 만들었는데 그림자가 아롱져 그런 장관이 없었다.

군문대장[6]이 밤 행차에 비단초롱을 켠들 이렇게 화려할까. 군악이 귀를 울리고 초롱 빛이 환히 비추니 마음에 규중의 보잘것없는 여자임을 아주 잊게 하고, 허리에 다섯 도장이 달리고 몸이 문무를 갖춘 장수요 재상으로 공을 세운 것이 높고 커서 어디선가 군대의 공을 세우고 승전곡을 연주하며 태평한 궁궐로 향하는 듯했다. 좌우의 불빛과 군악이 내 호기를 돕는 듯, 몸이 여섯 마리 말이 이끄는 수레에 앉아 대로를 달리는 듯, 떨 듯이 즐거운 마음으로 오다가 관아 문에 이르렀다. 내아의 마루 아래서 가마를 내리니 화려한 초롱이 뭇별이 햇빛을 받아 떨어지듯 사라졌다. 심신이 아찔하여 몸이 저절로 대청에 올라 머리를 만져보니 구름머리 꿴 것이 고아 있고 허리를 만지니 치마가 둘러 있었다. 이 몸이 여자임을 분명히 깨닫고 방 안에 들어오니 바느질하고 옷감 짜던 것이 좌우에 놓여 있어 손뼉을 치며 웃었다.

북산루에 불이 붙은 뒤 다시 지으니 더욱 웅장하고 단청이 새로웠다.

---

4 **광한전**廣寒殿 항아姮娥가 산다는 달 속의 궁전.
5 북쪽에 있는 치마대馳馬臺를 가리킨다. 태조가 왕이 되기 전 이곳에서 말을 탔다고 한다.
6 **군문대장**軍門大將 군대의 대장.

순상 채제공[7]이 서문루를 새로 지어 이름을 무검루라 했는데 경치와 누각이 기이하다고 해서 한번 오르려고 했으나 여염집이 빽빽이 있다고 해서 가지 못했다. 신묘년1771년 시월 보름에 달빛이 구슬 같고 서리와 이슬이 내려 나뭇잎이 다 떨어지니 경치가 맑고 깨끗하며 풍경이 아름다웠다. 달빛을 타 누각에 오르려고 원님께 청하니 허락하였다. 독교를 타고 올라가니 누각이 아스라이 하늘가에 비껴 있는 듯하고 팔작지붕이 날아갈 듯하여 볼만한데 달빛에 보니 희미한 누각이 공중에 솟아 떠 있는 듯해서 더욱 신기했다.

누각 가운데로 들어가니 여섯 칸 정도 되는데 새로 단청을 하고 모퉁이와 모퉁이 구석구석에 초롱 다는 대를 세워 쌍쌍이 초를 켜서 불빛이 낮처럼 환했다. 눈을 들어 살펴보니 단청을 새로 해서 채색 비단으로 기둥과 반자[8]를 짠 듯했다.

서쪽 창문을 여니 누각 아래 저자에 늘어선 집들이 서울 바깥의 지물전 같고, 곳곳에 가겟집이 모여 있었으나 사람들 소리가 없고 고요했다. 모두 반듯하게 나란히 지어져 높은 누각 위에서 즐비한 집들을 보니 천호千戶 만가萬家를 손으로 셀 수 있을 듯했다.

성루를 굽이굽이 돌아보니 빽빽이 많아서 집들이

서울 성안과 다름없었다. 이런 웅장하고 거룩함은 서울 남문루도 이보다 더하지 않으리라. 몸과 마음이 뛸 듯이 기뻐 음식을 많이 해다가 기생들을 실컷 먹이고 즐겼다. 중군[9]이 밝은 달빛을 띠고 대완마[10]를 타고 누하문을 나가는데 풍류를 치고 만세교로 나가니 시끄럽게 들썩거리며 행차를 알리는 소리가 또한 신기했다. 사람들이 서로 손을 잡고 잡담하면서 무리지어 다니는 것이 서울 같아서 무뢰배가 기생집으로 다니며 호강을 하는가 싶었다.

이 날 밤이 다하도록 놀고 왔다.

---

7 **채제공**蔡濟恭 1720~1799 호는 번암樊巖. 정치가이자 문인. 남인의 영수로 정조 당시 영의정을 지냈고 1768년~1769년 함경도 관찰사를 지냈다.
8 **반자** 방이나 마루의 천장을 평평하게 만든 것.
9 **중군**中軍 각 군영의 대장이나 절도사, 통제사 밑에서 군대를 거느리고 다스리던 장수.
10 **대완마**大宛馬 대완은 지금의 이란 지역에 있던 옛 나라 이름으로 명마가 많이 난다 하여 대완마는 좋은 말을 뜻한다.

동명일기

　기축년1769년 팔월에 서울을 떠나 구월 초생에 함흥으로 오니 모두 이르기를 일출과 월출이 볼만하다고 했으나 거리가 오십 리라 해서 속으로 심란해했는데 기생들이 못내 칭송하며 거룩하다고 하니 마음이 들썩여 원님남편 신대손께 청했다. 그러나 원님이 "여자의 출입을 어찌 가볍게 하겠는가"라고 딱 자르며 허락하지 않아 하릴없어 그만두었다.

　신묘년1771년에 마음이 다시 들썩여 하도 간절하게 청하니 원님이 허락하고 동행까지 하였다. 팔월 이십일일 동명[11]으로 가서 중인의 후손인 한명우의 집에 가서 자고 거기서 달 보는 귀경대龜景臺가 십오 리라 하기에 그리로 가려 했다. 그때 추위가 오래 계속되고 길 떠나는 날까지 구름이 사면에서 모여들고 땅이 질어 말발굽이 빠졌으나 이미 내킨 마음이라 동명으로 갔다. 그날은 끝까지 청명하지 않아서 새벽달도 못 보고 그저 관아로 돌아오려 했는데 새벽에 종이[12]가 들어와 이미 날이 좋아졌으니 귀경대로 오르자고 간청해서 죽을 먹고 길에 오르니 이미 먼동이 트고 있었다.

쌍가마와 종이와 기생이 탄 말을 바삐 채찍질을 해서 네 굽을 모아 뛰어 달리니 흔들리며 십오 리를 순식간에 갔다. 귀경대에 올랐으나 사면에 자욱한 구름이 끼고 해 돋는 데만 잠깐 터져 겨우 보는 듯 마는 듯하고 바로 돌아왔다. 운전[13]에 이르렀을 때 날이 쾌청하니 그런 애달픈 일이 없었다.

아침을 먹고 돌아오니 바닷가에 가마꾼을 쌍가마를 멘 채 세워두고, 전모 쓴 종과 군복 입은 기생을 말에 태워 좌우로 갈라 세우고는 사공에게 후리질[14]을 하게 했다. 후리 모양을 보니 수십 척 되는 긴 나무를 마주 잇고 너비가 한 칸 배만한 그물을 노끈으로 얽어 긴 나무에 치고 그물폿그물추은 백토로 구워 국그릇만한 것

---

11 **동명**東溟 함흥부 동쪽에 있는 바다. 일출로 유명하다.
12 **종이** 의유당의 친정 조카인 김기종金基鍾. 의유당의 언니와 김시묵金時默 부부의 아들.
13 **운전**雲田 운전사雲田社. 함흥부 동남쪽에 위치한 바닷가 마을.
14 **후리질** 후리를 써서 물고기를 잡는 것. 후리는 강이나 바다에서 넓게 둘러치고 여럿이 양쪽에서 잡아당기며 물고기를 잡는 큰 그물.

을 달고 동아줄로 끈을 만들었다. 바다 가운데 후리를 넣고 해변에서 사공 수십 명이 서서 아우성을 치며 당기자 물소리가 광풍이 이는 것 같고 옥 같은 물굽이가 노하여 뛰는 것이 하늘에 닿으니 그 소리에 산악이 움직이는 듯했다. 일출과 월출을 변변히 못 보았으나 이런 장관을 본 것으로 위로하였다. 후리를 꺼내니 연어, 가자미 등이 그물에 달려 나왔다.

보기를 다하고 가마를 돌려 돌아오면서 가마 속에서 생각하니 여자의 몸으로 드넓은 바다의 푸른 물결을 보고 바닷고기 잡는 모습을 보았으니 세상이 헛되지 않음을 자부할 만했다. 십여 리를 오다가 태조대왕 노시던 격구정[15]을 바라보니 높은 봉우리 위에 나는 듯한 정자가 있었다. 가마를 돌려 오르자 단청이 약간 퇴락한 육칠 칸 정자가 있는데 정자 바닥에는 얇고 넓적한 돌이 깔려 있었다.

정자는 그리 좋은 줄 모르겠으나 전망이 특별히 좋았다. 앞은 평평하게 탁 트인 벌판이고 뒤는 푸른 바다가 둘러 있어 눈앞이 시원하고 몸과 마음이 상쾌했다. 바다 가운데 큰 병풍 같은 바위가 우뚝 서 있는데 그 모습이 기이했다. 이름이 선바위라 했다.

봉우리 아래 악공을 숨겨 앉히고 풍류를 늘어지게

치게 하고 기생에게 군복 입은 채로 춤을 추게 하니 또한 볼만했다. 원님은 먼저 곧장 고을로 가시고 종이 형제만 데리고 왔기에 마음 놓고 놀았더니 마을의 젊은 여자들이며 노파들이 와서 굿을 보려고 하다가 종이가 "어디 사는 여인인가?" 하자 예의를 차리는 향촌 양반 부녀인가 하고 크게 화를 내며 달아나서 한바탕 웃었다.

곧바로 돌아 나오다 본궁[16]을 지나게 되어 보고 싶었으나 별차[17]가 허락하지 않아 보지 못하고 돌아왔다. 모처럼 벼르고 가서 일출 월출을 보지 못하고 별 재미없이 다녀왔으니 그 가엾음을 어찌 다 이르리오.

그 후 마음에 맺혀 다시 보기를 계획하였으나 원님이 엄히 막아 자르니 감히 마음을 먹지 못했다. 임진년 친척의 상[18]을 당하여 종이를 서울에 보낸 지 이미 한 달이 넘고 나도 고향을 떠난 지 사 년이 되니 죽은 이는 그만이지만 산 사람의 얼굴이 그립고 종이마저 보내서 근심이 더해 마음이 자못 괴로웠다. 원님께 다시 동

---

15 **격구정**擊毬亭 태조 이성계가 왕이 되기 전 격구를 하던 곳으로 현종 15년에 남구만이 정자를 짓고 격구정이라 했다.
16 **본궁**本宮 태조 이성계가 왕이 되기 전에 살던 곳. 함흥부 동남쪽 운전사雲田社에 있다.
17 **별차**別差 본궁을 관리하는 관원.
18 1772년의 형부 김시묵의 상喪을 말한다.

명 보기를 청하였으나 허락하지 않았다. 내가 말하기를

"인생이 얼마나 되오? 사람이 한번 돌아가면 다시 오는 일이 없고, 깊은 근심과 지극한 아픔을 쌓아 내내 우울하니 한번 놀아 울적함을 푸는 것이 만금과도 바꾸지 못하리니 덕분에 가고 싶소."

하고 하도 비니 원님 역시 일출을 보지 못한 까닭에 허락하고 함께 가자고 했다. 구월 십칠일에 가기로 정하니 소속 기생 차섬이와 보배가 흔쾌히 허락하심을 몹시 기뻐하고 행차에 필요한 수많은 도구를 성대하게 갖추었다. 차섬이, 보배 한 쌍과 이랑이, 일섬이 한 쌍과 계월이 함께 가기로 하고 십칠일에 밥 먹고 떠나기로 했다. 십육일 밤이 되니 기생과 남녀 종들이 다 잠을 자지 않고 뜰에 내려와 사면을 바라보며 혹 하늘이 흐릴까 애를 태웠다. 나 역시 민망해서 함께 하늘을 우러러보니 보름의 월식 끝이라 간혹 검은 구름이 겹겹이 있고 티끌과 먼지 기운이 사면을 두르고 있었다. 종들과 기생이 모두 발을 구르고 혀를 차며 거의 미칠 듯 애를 썼다. 나 또한 초조해서 겨우 밤을 새우고 십칠일 동이 트기 전에 바삐 일어나 하늘을 보니 오히려 하늘이 맑지 않고 동쪽의 붉은 기운이 햇빛을 가리고 있어 마음이 흔들려 하늘을 수도 없이 보았다. 시간이 지나며 붉은 기운이 걷히고 해 기운이 나니 위아래 사람들이 즐거이 밥을 재촉하여 먹고 길을 떠났다. 앞에 군복 입은 기생 두 쌍과 아이 기생 하나가 나는 용과 같은 말을 타고 섰는데 전립 위의 상모와 공작새 깃털에 햇빛이 밝게 비치고 말에 탄 모습은 날아오를 듯했다. 가마 앞에서 군악을 늘어지게 연주하니 보잘것없는 규중의 여자로 지난해에는 비록 낭패했으나 지난해의 호사를 올해 이 날에 다시 누리니 어느 것인들 원님의 은혜 아니리오.

짐짓 서문으로 나와 남문 밖으로 돌아가며 쌍가마를 천천히 가게 놔두고 좌우 저자를 살피니 거리의 여섯 가게가 서울과 다름이 없었다. 옷 가게, 무명 가게, 채소 가게 등 갖가지 가게가 즐거운 마음을 반감하고 고향 생각과 친척 그리움을 더해주었다. 그중에서도 베 가게, 무명 가게가 더욱 번성해서 필필이 건 것이 몇 천 필인지 모르겠고, 갖가지 옷이며 비단 이부자리와 베개를 다 내걸었는데 햇빛에 눈부셨다.

처음 갔던 한명우의 집에 가지 않고 까치섬이라는 데 숙소를 정하러 갔다. 읍내에서 삼십 리를 가니 운전의 창고에서 바다가 보이고 다시 까치섬이 아득하게 높아 보였다. 한쪽은 끝없는 푸른 바다, 한쪽은 첩첩한 산이요 바닷가 길은 겨우 무명 한 폭 너비 정도 되고 그 옆은 산이었다. 인부가 쌍가마를 메고 가만가만 가는데 물결이 굽이쳐 출렁이고 물결이 거세어 처음으로 보기 두려웠다.

길이 낯설고 막막한 데다 돌과 바위가 깔려 있어 인부가 겨우 조심하면서 일 리를 가자 길이 평탄하고 너른 들이 나왔다. 까치섬이 우러러 보이는데 높기는 서울 백악산[19] 같으나 모양과 크기는 그것만 못하고 산 빛도 붉고 탁해서 족히 백악산만은 못했다.

바닷가로 돌아 섬 아래 집을 잡고 들어가자 춘매와 매화가 뒤따라 들어왔다. 점심을 해서 들이는데 생전복회가 바로 밑에서 건진 것이라 맛이 특별했으나 서둘러 가느라 잘 먹지 못했다. 서울 친척들과 더불어 맛을 나누지 못해 몹시 안타까웠다.

시간이 오히려 이르고 날씨가 맑고 바람과 햇볕이 잔잔해서 배를 꾸며 원님이 바다에 오르시고 나는 숙씨叔氏, 시숙와 성이를 데리고 올랐다. 풍류하는 사람은 딴 배에 태워 우리 오른쪽 뱃머리에 대고 동시에 연주하게 하니 바닷물은 푸르고 푸르러 가이없고 군복 입은 기생의 그림자는 하늘과 바다에 거꾸로 박힌 듯하며 풍류 소리는 하늘과 바다 속에 사무쳐 들썩거리는 듯했다. 석양이라 저물어가는 해 그림자가 바다 가운데 비치니 흰 비단 일만 필을 물 위에 편 듯 마음도 비스듬히 흔들려 상쾌하고 넘실대는 푸른 파도 위의 작은 배로도 망망대해의 위태로움을 다 잊을 것 같았다.

기생 보배가 까치섬 봉우리 위에 구경 갔다가 내려오니 벌써 배를 띄워 한바다에 떠가고 있어서 배에 오르지 못하고 해변에 서서 손을 흔들었다. 그 또한 희한한 풍경이었다. 지난해 격구정에서 선바위를 보고 기이해하며 돌아왔는데 오늘 뱃놀이에서 선바위 아래에 이르니 신기하였다.

해가 거의 저무니 행여나 월출 보기에 늦을까 하여 바삐 배를 대고 숙소에 돌아왔다. 저녁을 바삐 먹고 날이 채 다 지지 않아 귀경대에 오르니 오 리는 되었다.

가마 속에서 귀경대를 보니 높이가 아스라하여 어찌 오를까 했는데 사람들이 많이 다녀 길이 반반해서 어렵지 않았다. 인부가 쌍가마를 메고 올랐는데 올라간 뒤에는 평평해서 좋았다. 귀경대 앞 바다에 바위가 있는데 매우 크고, 생긴 것이 거북이 꼬리를 끼고 엎드린 듯했다. 저절로 생겼으나 공교로이 쪼아 만든 듯하여 귀경대라고 하는 듯싶었다.

19　**백악산**白岳山 북악산. 서울 경복궁 북쪽에 있다.

귀경대 위에 오르니 물의 경치가 더욱 대단했다. 바다 너비는 어떠한가. 그 끝을 알 수 없고, 푸른 바다 물결치는 소리가 광풍이 이는 듯, 산악이 울리는 듯하니 천하의 놀라운 장관이었다.

구월 기러기가 어지러이 울고 찬바람이 불어오는데 바다 위로 말 같기도 하고 사슴 같기도 한 것이 달리듯 했다. 날이 이미 어두워 자세하지는 않았으나 또 신기하여 볼만했다. 평소에 늘 보던 기생들도 연달아 소리를 지르며 기이하다고 부르짖으니 내 마음에는 얼마나 신기했으랴. 혹은 물개라고도 하고, 고래라고도 했으나 알 수 없었다.

해가 금세 다 지고 어두운 빛이 일었다. 달 돋을 데를 바라보니 티끌과 먼지가 사방에 끼고 저녁 구름이 꽉 끼어 아마도 달 보기가 허망하게 되었으니 벼르고 별러 와서 내 마음이 안타까운 것은 말할 것 없고 차섬이, 이랑이, 보배가 모두 "마나님 월출을 못 보시게 되었다"고 소리치며 안타까워하니 그 마음이 또한 고마웠다.

달 돋을 때가 안 되어 어둠이 깊자 좌우로 초롱을 켜고 매화가 춘매에게 귀경대 위에서 〈관동별곡〉[20]을 부르게 했다. 소리가 높고 맑아 집에 앉아 듣는 것보다 신기로웠다.

물결치는 소리가 크더니 맑은 바람이 솔솔 불면서 다행히 사방에 퍼져 있던 구름이 잠깐 걷히고 물 밑이 일시에 환해지며 거기 드리운 복사꽃빛 같은 것이, 얼레빗[21] 잔등 같은 것이 약간 비치더니 차차 내미는데 둥글고 빛 붉은 폐백상[22]만한 것이 길게 흔들리며 올라붙고 점점 붉은 기운이 없어지면서 온 바다가 일시에 희어졌다. 바다의 푸른빛이 희디희어 은 같고, 맑고 깨끗해서 옥 같았다. 드넓은 푸른 물결 위로 달이 비치는 장관을 어찌 능히 볼 수 있었으랴마는 원님이 대대로 녹봉을 받는 신하로 임금님의 은혜가 망극하여 잇달아 외방의 관리가 되어 나라의 녹을 감사히 먹고 나 또한 그 덕으로 이런 장관을 보니 도무지 어느 것인들 임금님 은혜 아닌 것이 있으리오.

　밤이 되니 바람이 차고 물결치는 소리가 요란한데 날이 차니 성이 때문에 더욱 민망해서 숙소로 돌아왔다. 기생들이 월출 관광이 상쾌하지 않은 것을 애달파했다. 나는 그것도 장관으로 아는데 그리들 애달파하니

---

20 〈관동별곡關東別曲〉 송강 정철鄭澈(1536~1593)이 관동팔경을 돌아보고 지은 기행가사.
21 **얼레빗** 반달 모양으로 생긴 빗살이 성긴 빗.
22 **폐백상**幣帛床 폐백반幣帛盤. 신부가 처음으로 시부모에게 인사할 때 올리는 대추나 포 등 폐백을 담는 반상.

몹시 서운하였다

 행여 일출을 못 볼까 노심초사하여 밤새도록 자지 못하고 가끔 영재를 불러 사공에게 물으라고 하니 내일은 일출을 쾌히 보시리라 한다고 하였으나 마음에 미덥지 않아 초조했다. 먼 데 닭이 울고 잇달아 잦아지자 기생과 종들을 심히 흔들어 깨워 일어나게 했다. 밖에서 급창[23]이 와서 관청 감관[24]이 다 아직 너무 일러 못 떠나시리라 한다고 했다. 그러나 곧이듣지 않고 발발이 재촉해서 떡국을 쑤었으나 먹지 않고 바삐 귀경대에 올랐다. 달빛이 사면에 밝게 비쳐 바다가 어젯밤보다 희기가 더하고 광풍이 크게 불어 사람의 뼈에 사무치고 물결치는 소리에 산악이 움직이며 별이 말곳말곳 동쪽 하늘에 차례로 있어 날 새기는 먼 듯했다. 자는 아이를 급히 깨워 왔더니 추워 날뛰고 기생과 종들이 다 이를 부딪히며 떨자 원님이 소리를 지르고 뒤흔들며 말하기를

 "생각 없이 일찍 와서 아이와 안사람이 다 큰 병 나게 했다."

라고 소리치며 걱정하니 마음이 불안해서 한 소리도 못하고 감히 추워하는 눈치도 못하고 죽은 듯이 앉아 있었다. 날이 샐 가망이 없어 잇달아 영재를 불러 동이 트냐고 물었으나 아직 멀었다고 연달아 대답했다. 물결치

는 소리가 천지를 울리고 찬바람이 더욱 심하게 들이치니 좌우 시종들이 고개를 숙여 입을 가슴에 박고 추워했다.

한참 뒤에 동쪽의 별들이 드물고 달빛이 차차 옅어지며 붉은색이 뚜렷해져서 시원하다고 소리를 지르며 가마 밖으로 나서자 좌우 시종들과 기생들이 둘러싸고 보기를 재촉했다. 이윽고 날이 밝으며 붉은 기운이 동쪽에 길게 뻗치니 진홍 비단 여러 필을 물 위에 펼친 듯 드넓은 푸른 바다가 일시에 붉어지며 하늘에 자욱하고, 성난 물결 소리는 더욱 크고 붉은 담요 같은 물빛이 황홀하게 환히 비치니 차마 끔찍하였다.

붉은빛이 더욱 붉어지니 마주 선 사람의 낯과 옷까지 다 붉었다. 물이 굽이쳐 솟구치는데 밤에 치는 물결은 옥같이 희더니 지금의 파도는 붉기가 홍옥紅玉 같고 하늘까지 닿으니 장관이라 말할 수조차 없었다.

붉은 기운이 퍼져 하늘과 물이 다 환히 비치는데도 해가 안 나오자 기생들이 손을 두드려 소리치며 애달파하면서 "이제는 해가 다 돋아 저 속에 들었으니 저 붉은 기운이 다 풀어져 구름이 되리라" 하고 모두 두려

---

23 **급창**及唱 관청에서 원의 명을 큰소리로 전달하는 일을 하는 남자종.
24 **감관**監官 관아에서 금전이나 곡식의 출납을 맡은 관리.

워하며 실망해서 그저 돌아가려고 했다. 원님과 시숙이 "그렇지 않다, 이제 보리라"고 하셨으나 이랑이, 차섬이가 냉소하며 말하기를

"소인 등이 이번뿐 아니라 자주 보았으니 어찌 모르겠습니까. 마나님 큰 병환 나실 것이니 어서 가십시다."

라고 해서 가마 속에 들어앉았다. 봉이 어미가 큰 소리로 말하기를

"하인들이 다 말하기를 이제 해가 날 것이라 하는데 어찌 가십니까. 기생 아이들이 철모르고 지레 이렇게 구느냐?"

라고 하니 이랑이 손뼉을 치며 '그것들이 전혀 모르고 한 말이니 곧이듣지 말라'고 했다. 내가 도로 사공에게 물으라고 하니 사공이 '오늘 일출을 볼만하리라' 하였다 한다.

내가 도로 가마에서 나오자 차섬이, 보배는 내가 가마에 들어가는 모습을 보고 먼저 가고 계집종 셋도 먼저 갔다. 붉은빛이 거룩하며 붉은 기운이 하늘에 뛰노니 이랑이 소리 높여 나를 부르며 '저기 물 밑을 보라'고 외쳤다. 급히 눈을 들어 보니 물 밑 붉은 구름을 헤치고 큰 실오라기 같은 줄이 붉기가 더욱 기이하고 진

홍빛 기운이 차차 나오는데 손바닥 너비 같은 것이 그믐밤에 보는 숯불 빛 같았다. 서서히 나오는 그 위로 작은 회오리밤[25] 같은 것이 붉기가 호박 구슬 같고, 맑고 투명하기는 호박보다 더 고왔다. 그 붉은 위로 슬슬 움직여 도니 처음 나왔던 붉은 기운이 백지 반 장 너비만큼 뚜렷이 비치면서 밤 같던 기운이 해가 되어 차차 커지다가 큰 쟁반만한 것이 불긋불긋 번듯번듯 뛰놀며 붉은색이 온 바다에 퍼지며 먼저 붉은 기운이 차차 가시고 해가 흔들리며 뛰놀기를 더욱 자주 하며 항아리 같고 독 같은 것이 좌우로 뛰놀며 황홀하게 번득이니 두 눈이 어질했다. 붉은 기운이 밝고 환하게 첫 붉은색을 헤치고 하늘에 쟁반 같고 수레바퀴 같은 것이 물속에서 치밀어 받치듯이 올라오자 항아리, 독 같은 기운이 스러지고 처음 붉게 겉을 비추던 것이 모여 소 혀처럼 드리우며 물속에 풍덩 빠지는 듯했다. 날이 밝아오고 물결의 붉은 기운이 차차 가시며 햇빛이 맑게 빛나니 만고천하萬古天下에 그런 멋진 광경은 견줄 데가 없을 듯했다.

짐작하건대 처음 백지 반 장만한 붉은 기운은 그

---

25 **회오리밤** 밤송이 속에 한 톨만 들어 있는 동그랗게 생긴 밤.

속에서 해가 장차 나오려고 어리어 그리 붉고, 그 회오리밤 같은 것이 실로 햇빛을 끌어내자 어린 기운이 차차 가셨으며, 독 같고 항아리 같은 것은 햇빛이 너무도 고운 까닭에 보는 사람의 눈이 황홀하여 도무지 헛기운인가 싶었다.

차섬이와 보배는 내가 가마에 들어가자 먼저 가는 듯싶더니 도로 왔는지 묘시卯時에 해돋이 본 것을 하례하고, 이랑은 손을 두드리며 "보시도다" 하며 즐거워하였다.

즐겁게 장관을 보고 오는데 시골여자들이 작별하러 구름처럼 몰려 와서는 손을 비비면서 무엇을 달라고 해서 돈냥이나 주며 나눠 먹으라고 했다. 숙소로 돌아오니 귀한 보물을 얻은 듯 즐거웠다.

아침을 서둘러 먹고 돌아와서 본궁本宮을 보고 싶다고 하여 허락을 받았다. 본궁에 들어가니 널찍한 궁전이 색칠한 담장으로 둘러싸여 있었다. 기와 용마루에 백토白土를 바르고 팔작지붕 위에 기와를 사람처럼 만들어 앉혔는데 화살을 멘 것, 두 손을 마주잡고 서 있는 것에다 양이나 말 같은 것들까지 있어 그 또한 볼만했다.

궁전에 들어가니 집이 그리 높지는 않았으나 널찍

하고, 단청과 채색이 눈부시게 찬란하여 햇빛에 밝게 빛났다. 궁전의 툇마루 앞에 있는 태조대왕의 빛갓[26]은 다 삭아서 겨우 테두리만 남았고 은으로 된 일월日月, 옥로玉鷺 같은 장식은 모두 빛이 그대로 새로웠다. 화살은 빛이 바래고 절었지만 다른 데는 상하지 않았고, 활과 화살을 넣는 동개[27]도 새로운 모습이었으나 허리띠, 깃털,[28] 활시위로 삼은 실이 다 삭아서 손을 대면 묻어날까 무서웠다. 본전 문을 열자 감실[29] 네 위位에 도화 빛의 좋은 비단에 초록 허리를 달아 휘장을 만들어서 위마다 쳐놓았는데 으리으리하고 무서웠다.

다 보고 나오니 뜰 앞에 반송盤松이 있었다. 키가 작아 손으로 만질 수 있고 양산 같이 펼쳐져 있는데 약간 누런 잎이 있는 늙은 소나무지만 새로웠다. 이 모두 태조께서 다 친히 심으신 것으로 수백 년이 지났는데도 이리 싱싱하니 어찌 기이하지 않은가. 뒤로 돌아 들어가니 큰 소나무가 마주 서 있었다. 몸은 남자의 아름으로 두 아름은 되고 가지마다 용이 몸을 튼 듯 굽어져

---

26 **빛갓** 여러 가지 색으로 물을 들여 만든 갓.
27 **동개** 활과 화살을 넣어 어깨에 멜 수 있게 가죽으로 만든 것.
28 원문의 호수虎鬚는 범의 수염이란 뜻. 여기서는 갓에 장식으로 꽂는 깃털을 말한다. 조선시대 군복 차림을 할 때 갖추어 썼다.
29 **감실龕室** 사당 안에 신주를 모셔두는 작은 장.

얹혀 있으며 높이가 대여섯 길은 되었는데 가지가 시들고 잎이 누렇게 되어 많이 떨어졌다. 옛날에는 나무 몸을 개가죽으로 다 쌌다고 하는데 녹아서 보자기로 싸고 구리 띠를 만들어 감아놓았다. 곧고 큰 나무로 사면으로 들어 받치고 있었다.

다 보고 돌아 나오다가 동쪽을 보니 우물이 있었다. 그리 크지 않은데 돌로 쌓고 널로 둘러져 있었다. 보고 몇 걸음 나오니 아주 큰 밤나무가 서 있는데 언제적 나무인지 알 수 없었다. 제기가 놓인 데로 오니 모두 은그릇이라 하나 잠겨 있어 보지 못했다. 방앗간에 오니 집을 지어 방아를 깨끗이 걸어놓고 있어 퍽 정결했다. 제물로 올리는 것만 찧는다고 했다. 자세히 다 보고 관아로 돌아오니 원님은 먼저 와 계셨다.

인생이 두루 괴로워 위로 두 녘 부모가 다 안 계시고 끔찍한 일을 알뜰히 두루 보고 동생이 영락해서 마음이 여러모로 괴롭고 지극한 아픔이 몸을 짓눌러 세상에 흥이 없다가 임금님의 은덕이 끝이 없어 이런 좋은 땅에 와서 호의호식하고 동명 귀경대와 운전 바다와 격구정을 두루 보고 끝내는 본궁까지 보았다. 창업 태평 성군의 댁을 사백 년 후에 이 무지한 여자로서 구경하니 어찌 저절로 그리 된 것이랴.

구월 십칠일에 가서 십팔일에 돌아와 이십일일에 기록하노라.

남장하고 금강산행
호동서락기

금원

담장 밖 너른 세상을 꿈꾸다
―

 하늘 아래 강산은 크고, 예로부터 지금까지 세월은 오래되었다. 사람의 일이 오고 가는 것이 하나도 같은 게 없고, 살아 있는 것들의 갖가지 모습과 빛깔 또한 하나도 같은 것이 없다. 산은 본래 하나지만 결국에는 만 가지로 흩어져 백 가지 모습 천 가지 형상으로 달라지고, 물은 본래 만 갈래로 흐르지만 결국에는 하나로 모여 천 물결 만 굽이로 달라진다. 하늘을 날고 물에 잠겨 있는 동물과 식물의 기이한 형상의 같고 다름이 조화의 자취가 아님이 없다.

 사람은 음양과 오행의 정기를 받아서 태어나 만물 중 가장 뛰어나지만 남자와 여자가 같지 않고, 재주와 기운에 높고 낮음이 있으며, 지식과 도량에 크고 작음이 있고, 무릇 장수長壽와 요절, 귀함과 천함, 빈곤과 부유함이 또한 같지 않다. 요와 순의 높고 높음, 공자와 맹자의 분주함[1]은 때가 같지 않아서이고, 안연[2]이 일찍 죽고 도척[3]이 오래 산 것은 운명이 같지 않아서이다. 직稷과 설契[4]이 보좌하는 신하가 되고, 이윤伊尹과 여상呂尙[5]이 보필하는 신하가 된 것, 영자甯子[6]의 어리석음과 기자箕子[7]의 광기는 때를 만남에 행불행이 같지 않아서이다.

그리하여 때를 만나 임금에게 충성하여 백성에게 은혜를 끼치고 이름을 역사에 드리운 사람이 있는가 하면, 세상을 잘못 만나 옥같이 아름다운 재주를 지니고도 초목과 더불어 썩어간 사람이 있는 것이다. 문장으로 이름을 날리기도 하고, 절의와 협기로 알려지기도 하며, 그 뜻을 고상하게 하여 산수에 방황하기도 하고, 세상일을 저버리고 시를 읊고 술을 마시는 곳에서 즐겨 놀기도 한 것은 대체로 다 자신의 뜻을 이루지 못한 사람들이 불우하고 우울한 심사를 스스로 펼친 것이다.

비록 그렇다 해도 눈으로 산의 거대함을 보지 못하고, 마음으로 사물의 많음을 경험하지 못한다면 그 변화에 통달하고 그 이치에 도달할 수 없어 국량이 협소하고 식견이 트이지 못한다. 그런 까닭에 어진 사람은 산을 좋아하고, 지혜로운 사람은 물을 좋아하는 것이다. 남자는 사방에 뜻을 두는 것을 귀하게 여기고, 여자는 발이 규문 밖을 나가지 못하고 오직 술 빚고 밥 짓는 것만을 의논해야 한다. 옛날 문왕과 무왕, 그리고 공자와 맹자의 어머니는 모두 성스러운 덕이 있고 또 성인인 아들을 낳아 이름이 오래도록 뚜렷하게 남았으나 그 밑으로는 일컬을 만큼 두드러진 사람이 아주 없거나 조금 있을 따름이다. 어찌 여자들 가운데만 유독 무리들보다 빼어난 그런 사람이 없어서겠는가. 혹시라도 규중에 깊이 있어 그 총명과 식견을 스스로 넓

---

1   원문은 공맹지황황孔孟之遑遑. 황황은 마음이 급해 허둥지둥하는 모양으로, 공자와 맹자가 세상에 도를 행하기 위해 잠시도 쉬지 않고 분주히 천하를 돌아다닌 것을 가리킨다.
2   **안연**顔淵 안회顔回. 공자가 가장 아낀 제자였으나 요절하였다.
3   **도척**盜跖 춘추시대 노나라의 현인 유하혜柳下惠의 아우. 본명은 유척이나 큰 도적이라 하여 도척이라 불렸고, 천수를 누렸다.
4   **직설**稷契 순임금의 어진 신하였던 후직后稷과 설契을 말한다.
5   **이려**伊呂 이윤伊尹과 여상呂尙. 이윤은 상나라 탕왕을 보좌하고, 여상은 주나라 무왕을 보좌했다.
6   **영자**甯子 영무자甯武子. 춘추시대 위나라의 대부. 임금 성공成公이 무도해서 나라를 잃을 지경이 되자 모두 어려운 상황을 회피했으나 영자는 위험을 무릅쓰고 왕을 구제하고 자신도 살았다. 《논어》〈공야장〉에 공자가 "영무자는 나라에 도가 있을 때는 지혜롭고, 나라에 도가 없을 때는 어리석었으니 그 지혜는 따를 수 있을지라도 그 어리석음은 따를 수 없다"고 칭찬하는 말이 나온다.
7   **기자**箕子 은나라의 태사太師. 주왕이 폭정을 할 때 충언하다 주왕이 노예로 만들자 거짓으로 미친 척하여 살아났다.

히지 못하고 끝내 사라져 묻혀버린 것이라면 슬프지 않은가.

　나는 관동의 봉래산 사람으로 스스로 호를 금원錦園이라 했다. 어려서 병을 자주 앓아 부모님이 가엾이 여기고 아끼어 여자의 일을 시키지 않고 문자를 가르치셨다. 날마다 가르침을 듣고 깨달아 몇 해 지나지 않아서 경전과 역사서를 대략 꿰뚫어 알고 고금의 문장을 따르고자 하는 마음이 있어서 때때로 감흥이 일면 꽃과 달을 소재로 시를 읊조리곤 했다. 삼가 내 삶에 대해 생각해보니 금수로 태어나지 않고 사람으로 태어난 것이 다행이고, 오랑캐의 땅에서 태어나지 않고 우리 동방의 문명한 나라에 태어난 것이 다행이다. 그런데 남자로 태어나지 않고 여자로 태어난 것이 불행이요, 부귀한 집에 태어나지 않고 한미한 집에 태어난 것도 불행이다.

　하지만 하늘이 이미 나에게 어질고 지혜로운 성품을 주시고, 귀와 눈을 만들어주셨으니 어찌 산수를 좋아하고 즐기며 견문을 넓히지 못하겠는가. 하늘이 이미 나에게 총명한 재주를 주셨으니 어찌 문명한 나라에서 무엇인가를 성취할 수 없겠는가. 여자로 태어났으니 깊은 담장 안에서 문을 닫아걸고 법도[8]를 지키는 것이 옳은가. 한미한 집안에 태어났으니 처지대로 분수에 맞게 살다가 이름도 없이 사라지는 것이 옳은가. 세상에는 첨윤의 거북이 없어 굴원이 점치던 것[9]을 본받기도 어렵다. 그러나 첨윤의 말에 이르기를 '계책에는 단점이 있고, 지혜에는 장점이 있으니 스스로 그 뜻을 행하게 한다'고 했으니 내 뜻은 결정되었다. 아직 혼인하지 않은 나이지만 강산의 아름다운 경치를 두루 돌아보고 증점曾點[10]이 기수에서 목욕하고 무 언덕에서 바람을 쐬고 글을 읊으며 돌아온 일을 본받겠다고 하면 성인께서도 마땅히 동의하시리라.

8　**법도**　원문은 경법經法. 항상 변하지 않는 법.
9　굴원屈原은 중국 전국시대 초나라의 대부이자 문장가로 그의 《초사楚辭》〈복거卜居〉에 "마음이 번거롭고 생각이 산란하여 어찌할 바를 몰라 태복太卜 정첨윤鄭詹尹을 찾아가 보았다"라는 구절이 나온다. 첨윤은 점치는 사람으로, 거북은 당시 점을 치는 데 사용했던 거북의 껍데기를 말한다.
10　**증점**曾點　공자의 제자. 《논어》〈선진〉에 "늦은 봄 봄옷이 만들어지면 관을 쓴 벗 대여섯 명과 아이들 예닐곱 명과 함께 기수에 가서 목욕하고 무 언덕에서 바람을 쐰 뒤에 노래하며 돌아오겠다"라고 하자 공자가 감탄했다는 내용이 나온다.

내 나이 열네 살, 남자 옷 입고 길 떠나다

마음에 계획을 정하고 부모님께 여러 번 간절히 청하니 한참 뒤에야 겨우 허락하셨다. 그러자 가슴이 트이며 마치 매가 새장을 나와 저 푸른 하늘로 솟구쳐 오르는 것 같고, 천리마가 재갈을 벗어 던지고 천리를 내닫는 듯한 기분이었다. 그날로 남자 옷으로 갈아입고 짐을 꾸려 먼저 네 고을을 향해 길을 떠났다.

때는 경인년1830년 봄 삼월. 내 나이 바야흐로 열네 살을 넘겼을 무렵이었다. 남자아이처럼 머리를 땋은 뒤 가마에 앉아 푸른 실 휘장을 두르되 앞은 보이게 하고 제천의 의림지를 찾았다. 예쁜 꽃들이 웃음을 터뜨릴 듯하고, 아지랑이같이 피어난 향기로운 풀에서는 초록빛 이파리가 막 펼쳐지고 있었다. 푸른 산이 사방을 에워싸고 있어 마치 수가 놓인 비단 장막 속으로 들어가는 것 같고, 가슴속이 시원해지니 폐부를 씻어내고 때와 먼지를 닦아내는 듯했다.

의림지에 도착했다. 의림지의 둘레는 십 리 정도이고 푸른 물이 맑고 투명해서 중국 촉蜀 땅의 비단을 펼쳐놓은 것 같았다. 물 위로 솟아오른 푸른 파초는 물에 잠기기도 하고 떠 있기도 했고, 수양버들 천만 가지는 반은 물속에 잠기고 반은 땅에 드리워져 있었다. 그 위로 꾀꼬리 한 쌍이 오가면서 비단 깃을 펄럭이며 아름다운 소리로 지저귀고 백구 한 마리가 사람을 놀라게 하며 하늘로 날아갔다. 돌아보고 웃으면서 "우리 가사에 '백구야 날아가지 마라. 너의 벗이 내가 아니냐'라 했는데 이제 나도 그렇게 말해볼까"라고 했다.

얼핏 수양버들 사이로 어부의 노랫소리가 희미하게 들려오고 멀리 한 노인이 푸른 삿갓에 푸른 도롱이를 걸치고 낚싯대를 드리우고 앉아 푸른 물결 사이로 물고기를 낚아 올리는 것이 보였다. 고깃배를 빌려와 소리 나는 곳을 찾아가니 바람은 고요하고 물결은 잔잔하여 마치 그림으로 아름답게 꾸민 배에 앉아 있는 듯했다. 벽옥같이 맑은 물결은 네모난 연못에 보배 거울[11]이 열린것 같고 마름과 박하, 물풀과 물새가 하늘빛과 구름 그림자 사이로 나왔다 들어갔다 하는 것이 그야말로 그림 속 풍경이었다.

낚시터에 가서 배를 대고 돈[12]을 주고 뱅어白魚를

---

11 원문은 방당보감方塘寶鑑. 주자朱子의 시 〈관서유감觀書有感〉에 "네모난 조그마한 연못이 거울처럼 열리니半畝方塘一鑑開"라는 구절이 있다.
12 원문은 청부青蚨. 돈을 뜻한다. 청부는 전설상의 벌레로 청부의 어미와 새끼의 피를 뽑아서 각각 돈에 발라 어느 한 쪽을 사용하면 다시 되돌아온다는 고사가 있다. 유안劉安(기원전 179~122)의 《회남자淮南子》.

사서 회를 쳐서 먹으니 송강松江의 농어[13]도 이보다는 못할 것 같았다. 또 순채를 구하려고 못가의 한 초가집을 찾아가니 주인 노파가 반갑게 맞아주었다. 순채 먹는 법을 알려주었는데 잠깐 끓는 물에 넣었다가 오미자 물에 적시니[14] 맛이 몹시 맑고 깨끗했다. 장계응[15]이 기억한 것이 바로 이 순채였는지 모르겠으나 또한 목이 상쾌해지는 느낌이었다.

이 못은 본래 명승지로 유명하다. 봄이면 복사꽃이 물에 떠 있어 배를 타면 하늘 위에 있는 것 같고, 여름이면 연꽃으로 씻겨 한문寒門[16]에 날아오른 듯 시원하며, 가을이면 얼음 같은 달을 건져 올리고, 겨울이면 옥거울 같은 눈을 펼친다. 세상을 등진 선비가 보면 장자莊子의 선호仙濠로 변하고, 미인이 오면 서시西施의 이름을 붙인 호수〔西湖〕[17]와 비교하리라. 이 못의 아름다움은 해를 넘기며 노닐고 감상해도 실로 다 볼 수 없는 것이라 이리저리 거닐며 떠날 수가 없었다. 시상이 넘쳐 입으로 한 편을 읊었다.

    못가의 수양버들 푸르게 늘어져
    암울한 봄 근심 아는 듯
    가지 위 꾀꼬리 울기를 그치지 않으니

쓸쓸히 헤어짐을 견디지 못하는 듯.

반나절 놀고 즐기다 떠나려 하니 수풀의 새들과 모래사장의 비둘기들이 이별의 마음을 북돋우는 것 같았다.

단양丹陽에 가서 청산 골짜기 입구로 들어가 선암의 위로부터 중간, 아래까지 둘러보았다. 선암은 바둑판처럼 흑과 백이 점점이 섞여 있고 두 봉우리는 노인이 대국을 하고 있는 모습이었다. 선암이라고 부르는 것은 아마 이 때문일 것이다. 신선의 자취는 예로부터 신령하고 기이한 일이 많다. 상산의 네 노인[18]이 산 위

---

13 원문은 송강사새松江四鰓. 사새는 농어의 별칭으로 아가미뼈가 네 개라서 붙인 이름. 중국 송강에는 농어가 많이 난다고 한다.
14 순나물이라고도 하는 순채는 오미자를 담근 물에 벌꿀을 타서 적셔서 먹으면 달고 시큼하며 맑고 시원해서 선미仙味로 일컬어진다. 이익의 《성호사설》권4, 〈만물문〉.
15 **장계응**張季鷹 장한張翰. 중국 진나라 문장가. 천하가 어지러워지자 늘 벼슬을 버리고 고향으로 돌아가려고 생각하다가 낙양洛陽에 가을바람이 일자 고향 오중吳中의 순채국과 농어회가 떠올라 곧 벼슬을 버리고 떠났다고 한다.
16 **한문**寒門 북극의 문. 북방의 몹시 추운 곳.
17 서시西施는 중국 춘추전국시대 월나라의 미인. 서호西湖는 중국 항주에 있는 호수로 경치가 아름다워서 서시의 미모에 비유하여 서자호西子湖로 부르다가 줄여 서호로 불렀다.

에서 바둑을 두다가 한 노인이 그 다리를 내놓았는데 다시 상산으로 넣었다는 말을 듣지 못했고, 굴 속에서 두 노인[19]이 바둑을 두다가 한 노인이 굴 속에서 그 모습을 드러냈는데 굴 속으로 다시 들어갔다는 말도 듣지 못했다. 아마도 이곳에 모두 모여 여섯 신선이 되어 세 군데에 각각 바둑판을 펼쳐놓았나 보다. 옛날에 한 나무꾼이 산에 들어가 우연히 신선들이 바둑 두는 것을 보다가 도끼자루가 썩는 줄 모르고 있다가 집에 돌아가 보니 산천은 그대로인데 사람들이 모두 달라져 있었다. 그 사이에 이미 수백 년이 지나간 걸 모르고 주인에게 물어보니 자신의 오대五代 손자였다. 이제 이 선암의 바둑판을 보니 흑백의 돌만 놓여 있고 바둑알 놓는 것은 보이지 않으니 바둑알 놓기를 오래 기다리려는 것 같은데 또한 세월이 얼마나 걸릴지 모르겠다.

 곧바로 지팡이를 돌리니 골짜기가 깊고 그윽하며 봉우리는 빼어나 하나하나가 연꽃을 깎아놓은 듯하고 기이하고 뛰어남이 비단 병풍을 두른 것 같았다. 좁은 길을 감아드니 깎아지른 바위들 사이로 통했다. 그 사이로 가는 폭포와 시냇물이 흐르고 좌우에는 복사꽃이 흐드러지게 피어 향기를 내뿜고 있었다. 붉은색 푸른색이 섞여 푸른 이파리 사이로 희미하게 비치고 벌과 나비가 희롱하며 어지러이 날아다니고 기이한 새들이 멀리서 쨋쨋 지저귀니 뜬세상의 먼지를 끊어버리는 듯했다.

　진나라 처사[20]의 〈도화원기桃花原記〉가 복사꽃 마을이 깊고 깊어서 세상과 통하지 않는다는 것을 하도 강조하여, 지금도 사람들은 모두 죽지 않는 신선들이 진짜로 복사꽃 마을에 숨어 있다고 상상한다. 이제 이곳도 오늘날의 또 하나의 복사꽃 마을이니 어찌 반드시 아득하고 황당한 경지에 마음을 쏟아 복사꽃 마을을 보지 못함을 안타까워할 필요가 있겠는가. 시 한 수를 지었다.

　　봄물이 도원 가는 길과 저절로 통하여
　　사람 만나도 다시 동서를 묻지 않네
　　종일토록 오가며 꽃향기에 홀리고

18　원문 상산사호商山四皓는 진나라 말기 폭정을 피해 상산에 숨어 살았던 네 명의 노인을 이른다.
19　옛날 중국 파공巴邛 땅에 사는 사람이 뜰의 귤나무에 열린 커다란 귤을 쪼개 보니 그 속에서 두 노인이 바둑을 두며 즐거워하고 있었다고 한다. 이를 귤중지락橘中之樂이라고 하는데 바둑을 두는 즐거움을 일컬을 때 흔히 쓰는 고사성어이다.
20　**진처사晉處士**　도연명陶淵明, 365~427. 동진 말에서 송 초에 걸쳐 살았던 중국의 문인. 은일 시인 혹은 전원시인으로 불린다.

몸은 푸른 산 아름다운 경치 중에 있구나.

신령한 곳을 놓치는 것 같아 차마 발걸음을 옮길 수가 없었으나 그래도 오래 머물지는 못했다. 인간 세상에서는 진실로 맑은 복을 오래 누리기 어려움을 깨달았다. 돌아서 사인암[21]을 찾아갔다. 경쇠[22]처럼 생긴 바위가 공중으로 깎아지른 듯 솟아 마치 하늘을 떠받치고 있는 것 같았다. 앞에는 작은 시내가 졸졸 흐르고 모래사장은 정말 비단같이 희고 티끌 하나 없었다. 산 빛은 바위[23]와 조화를 이루며 아득히 솟아 있고 저녁 연기에 푸르고 무성한 숲[24]이 잠겨 있으니 또 하나의 빼어난 풍경이었다. 산 숲에서는 새들이 지저귀며 그 즐거움에 빠져 인간의 즐거움을 알지 못했다.[25] 내

---

21   **사인암**舍人巖. 충북 단양에 있는 암벽.
22   원문은 경磬. 옥이나 돌 또는 놋쇠로 만든 타악기.
23   원문 운근雲根은 구름이 일어나는 근본. 구름이 산속 벼랑이나 바위 끝에서 나오는 것 같이 보인다고 해서 벼랑이나 산을 운근이라 부르기도 한다. 두보의 시에 "충주 고을은 삼협 안에 있어 마을 집들 운근 아래 모여 있네"라는 구절이 나온다.
24   원문은 총롱葱籠. 구양수의 〈가을소리秋聲賦〉에 "아름다운 나무 푸르게 우거져 즐겁고"라는 구절이 나온다.
25   구양수의 〈취옹정기醉翁亭記〉에 "새들은 산림의 즐거움은 알지만 사람의 즐거움은 알지 못하며, 사람은 태수를 따라 노는 것은 알지만 태수가 그 즐거움을 즐거워함은 알지 못한다"고 한 데서 온 말로 새들은 인간인 금원 자신의 즐거움을 알지 못한다는 뜻.

나이 이제 열여섯 살도 안 되었으니 훗날 다시 볼 것을 기약할 수 있다. 아쉽게 떠남을 슬퍼할 필요가 없으니 마땅히 앞으로 나아가며 무한한 경치를 감상하리라.

영춘迎春을 향해 가다가 금화金華, 남화南華 두 굴을 찾았다. 아직 아침 아지랑이도 걷히지 않았으나 강가에서 배를 불러 물길을 따라 흘러가다가 석굴 앞에 배를 댔다. 횃불을 앞세우고 굴로 들어가니 바위가 빗장처럼 가로놓였고 그 안에는 물이 있었는데 못처럼 깊고 푸르렀다.

바위는 모두 어떤 모양을 하고 있는데 쇠방망이처럼 생긴 것이 많다. 이른바 종바위〔鐘巖〕로 때리면 소리가 종소리처럼 웅장하다. 팽려호[26] 입구에 석종石鐘이 있었는데 역도원[27]이 물과 돌이 서로 치니 소리가 큰 종소리와 같다고 했고, 이발[28]은 못가에서 돌 두 개를 얻어 그것을 두드리며 들으니 남쪽의 소리가 호북의 소

26　**팽려호**彭蠡湖　중국 강서성 경계에 있는 호수. 중국의 오호五湖 중 하나.
27　**역도원**酈道元, 470?~527　중국 북위北魏의 지리학자. 지리서《수경주水經注》를 편찬하였다.
28　**이발**李渤, 773~831　당나라 사람. 간의대부를 거쳐 태자빈객에 이르렀다.

리를 품어 해맑다고 했다. 소동파가 글을 지어 그것을 변증하면서 역도원이 맞고, 이발이 견문이 좁다고 비웃었다.[29] 나는 일찍이 그것에 의문을 가졌는데 이제 이 돌을 보니 과연 종소리 같아서 이발이 꾸며낸 것이 아님을 비로소 알게 되었다. 동파에게 이를 보이지 못하는 것이 안타깝다. 돌벽에는 석순이 많이 달려 있었는데 그것을 따려고 잡자마자 마치 봄눈이 해를 본 듯이 녹아서 금방 없어졌다. 두 굴이 똑같이 생겨 기이한 경치라 할 만했다.

앞으로 청풍清風으로 나아갔다. 옥순봉을 보려고 작은 배 하나에 타고 물길을 거슬러 올라갔다. 뾰족한 봉우리들이 늘어선 것이 마치 옥 항아리에 산호 붓을 꽂아놓은 것 같고 금빛 연못에 흰 연꽃이 핀 것 같았다. 험하고 가파르며 뾰족한 봉우리는 여와 황제[30]가 다듬어놓은 것이 아닐는지. 기이하고 수려함은 또한 우공이 옮겨놓은 것이 아닐는지.[31] 감탄하며 머뭇거리는데 잠시 뒤에 이슬비가 푸른 숲을 가늘게 적시니 둥지로 돌아오던 새들이 날기를 멈추고 푸른 절벽에서 쉬었다. 흰 달이 떠오르기 시작하자 시원한 바람이 서서히 불어오고 가까운 숲에서는 꽃들이 짙은 향기를 내뿜었다. 먼 하늘의 뾰족한 봉우리들이 아스라이 모습을 감추니 바로 살아 있는 산수화였다.

　배를 돌려 뭍에 내렸다. 그간 본 것들을 생각하니 산꼭대기와 깊은 골짜기까지 가서 천만 가지 기괴한 경치를 다 찾아보지 못하는 것이 안타까워 누워서도 잠을 이루지 못했다. 그리하여 시 한 구절을 지었다.

시인이 잠시도 풍월 읊조릴 시간 없으니
조물주가 사람을 시기하여 산 밖으로 내보내는 것인가
산새는 산 밖의 일을 알지 못하여
봄빛이 수풀 사이에만 있다 하네.

금강산으로 향하다

　네 고을의 명승지를 두루 다 둘러보고 드디어 금강산으로 향했다. 단발령에 올라 금강산 만이천봉을

29　중국 북송의 시인 소동파(소식蘇軾)의 〈석종산기石鐘山記〉의 내용을 말한다.
30　**여와**女媧　중국 신화에 나오는 여신. 진흙으로 인간을 창조했다고 한다.
31　'우공이산愚公移山' 즉 우공이 산을 옮긴 일을 말한다. 우공은 중국 고대 전설 상의 인물. 집 앞을 가로막는 산을 옮기기로 맹세하고 흙을 퍼 나르자 천제가 감동하여 산을 옮겨주었다고 한다.

바라보니 옥이 서 있고 눈이 쌓인 것 같았다. 서산에 쌓인 눈도 필경 이보다 못하리라. 서산은 연경燕京의 가장 뛰어난 명산으로 만수산 뒤로 첩첩한 산과 층층이 올라가는 절벽을 보면 마치 선경과 같고 눈 내린 뒤의 봉우리는 더욱 기이해서 서산에 쌓인 눈이 연경의 팔대 경치 중 하나가 되었다.

금강산은 층층이 겹친 산과 첩첩한 봉우리가 구름까지 솟아올라 사철 내내 눈빛을 띠고 있으니 봉우리마다 빼어나다. 사람들이 이름난 곳의 아름다운 경치를 칭찬할 때면 반드시 선계仙界 같은 경치, 그림 같은 경치라고 말한다. 나는 선계 같은 경치가 어떠한지는 알지 못하지만, 그림 같은 경치로 말한다면 비록 뛰어난 화가라도 결코 그대로 베껴낼 수 없을 것이다. 산길에 봄이 깊어 초록 이파리는 살찌고 붉은 꽃은 시들어가는데 두견새가 소리마다 '불여귀'[32]라 지저귀며 여행객의 쓸쓸한 마음을 돋우었다.

장안사에 들어가니 금모래, 잔잔한 풀이 몇 리에 걸쳐 깔려 있고 키 큰 소나무가 하늘을 찌를 듯했다. 삼사 층 법당이 온 골짜기를 누르듯 서 있는데 그 구조가 웅장했다. 예스러운 분위기의 연로한 주지승이 지팡이를 거꾸로 들고 법당을 내려와서 깍듯이 절하며 앞에서 인도하여 법당에 오르도록 했다. 산나물을 풍성하게 차린 점심을 정성껏 내놨는데 정결하고 담백하여 한번 배불리 먹을 만했다.

신선루를 둘러보고 옥경대를 찾았다. 들쭉날쭉 어지러운 돌을 묶어놓은 듯한 두 절벽이 길을 막아서 길을 돌아 남쪽으로 들어가자 좁은 골짜기가 나타났다. 석가봉 한 자락이 그 남쪽을 둘러싸고 앞에는 기이한 절벽이 하늘을 찌를 듯 솟아 있었다. 높이는 수십 길이요, 너비도 오십 자로 맷돌로 간 듯 평평하고 돗자리로 된 돛처럼 넓게 펼쳐져 있었다. 전면은 마치 유리를 깔고 백옥을 깎은 듯해서 그 광채가 얼굴에 비쳤는데 이곳이 바로 명경대로, 업경대라고도 한다. 명경대 앞에 못이 있는데 물빛이 짙은 누른색이라서 황천강이라 한다. 못의 남쪽에 바위가 있는데 이름이 옥경대로, 대석에 이름을 새기고 붉은색으로 메워놓았다.

대 위에 앉아서 보니 대와 못 사이에 작은 돌 축대가 숲 그늘에 가려져 있었다. 가보니 돌로 된 성문 하나가 막고 있는데 한두 사람만 발[33]을 들여놓을 정도로, 지옥문이라 했다. 전하는 말에 의하면 신라가 망할

---

32 **불여귀**不如歸 두견새의 울음소리. 돌아감만 못하다는 뜻.
33 원문은 족무足武. 무武는 발걸음.

때 태자가 여기에 피신해 들어와서 명경대 뒤에 성과 궁실을 쌓고, 이 문을 통해 출입했으며 베옷을 입고 풀을 먹으면서 생을 마쳤다고 한다. 성은 비록 물에 잠겨 사라졌지만 남은 터의 돌들은 아직도 그대로였다.

표훈사로 향했다. 오른쪽에 중향봉을 끼고 왼쪽에는 지장봉이 솟아 있었다. 멀리 뻗은 길은 그윽하고 깊었으며 돌길은 몹시 험했다. 외나무다리를 지나 절의 문루[34]에 이르렀는데 능파루라 했다. 법당과 암자들을 둘러보고 백운대로 올라갔다. 팔뚝만한 굵은 쇠줄을 잡고 올라가니 하늘로 올라가는 듯 떨리고 무서웠다. 그러나 저 멀리 깊은 골짜기를 내려다보니 절이 구름과 안개 사이로 희미하게 보이는데 마치 그림 속 풍경 같았다.

보덕굴을 보러 가니 무갈봉 아래 있고 작은 암자가 그 위에 있었다. 한 면은 산모퉁이 뽀족한 바위에 의지해 있고, 한 면은 봉우리 아래 돌을 높이 쌓고 구리 기둥을 세우고 얽어 허공에 몇 칸 암자를 지어놓았다. 또 구리 기둥 위에는 쇠줄을 묶어 그 한 끝을 내려뜨려 사람이 타고 오르게 하는데 흔들흔들 몹시 위태로워 담이 오그라들고 다리가 떨려 감히 내려다볼 수 없었다. 옥부처 하나를 안치하고 그 앞에는 동이 모양의 불까마귀[火鳥]가 그려진 금향로를 두었는데 무거워서 들 수 없었다. 전하는 말에 의하면 정명공주[35]가 시주한 것이라 한다. 암자는 비록 크지 않지만 그 재력으로 수만금은 썼을 것 같았다. 승려가 말하기를 옛날에 한 비구니가 이 굴 속에서 수도하다가 앉은 그대로 입적하자 사람들이 함께 암자를 짓고 예불을 올렸으며, 암자와 굴의 이름을 모두 보덕普德이라 했다고 한다.

    옆에는 폭포 하나가 평평하고 너른 바위 위를 흐르다가 절벽에서 쏟아져 내려 두 층의 못이 되었는데 하나는 둥글고 하나는 네모졌다. 맑고 세찬 폭포수가 물방울을 날리니 차가워서 가까이 갈 수가 없었다. 옆에 백천동이 있는데 골짜기에는 누운 폭포[臥瀑]가 바위틈을 뚫고 흘러 돌다가 깊은 못을 만들었으니 이른바 명관鳴關이라는 것이다. 시내는 볼만한 것이 없는데 백천은 무슨 연고로 얻은 이름인지 알 수 없었다. 몇 리를 못 가서 벽하담, 비파담이 서로 가깝게 이어져 있었는데 옥을 잘게 부수어놓은 듯, 흰 명주를 깔아놓은 듯 갈수록 기이하고 장관이었다. 시냇가 엎드린 바위

---

34 **문루**門樓 성문 위에 사방을 볼 수 있도록 지은 다락집.
35 **정명공주**貞明公主, 1630~1685 선조의 딸. 영창대군의 누이. 광해군이 즉위하여 영창대군이 역모죄로 몰린 후 어머니 인목대비와 함께 서궁에 감금되는 등 고초를 겪었다.

에는 구멍이 뚫려 샘이 저절로 솟아나오고, 길 옆 큰 바위가 빈 집처럼 튀어나와 있어 비가 오면 들어가 피할 만하니 볼만하지 않은 곳이 없었다.

　　조금 위로 가다 작은 못 하나와 마주쳤다. 백룡담이라 하는데 그 색이 흰 데서 취한 이름이다. 팔담八潭에는 들어가지 않는다. 또 몇 걸음을 가니 돌 위로 세찬 폭포수가 쏟아져 내렸다. 물빛이 검푸른색이라 이름을 흑룡담이라 한다. 걸어서 앞으로 나아가니 평평한 바위가 절구같이 움푹 패여 있는데 그 안에 물이 담겨 있어 이름을 세수분洗手盆이라 한다. 수십 걸음을 가니 폭포가 나왔다. 물빛이 몹시 푸르러 이름을 청룡담이라 하는데 이 폭포가 팔담의 원류이다.

　　종일 길을 갔다. 폭포소리는 산이 무너지고 골짜기가 갈라지는 듯했고 기이한 꽃과 풀들, 날아다니는 새, 달리는 짐승들이 기이하고 괴이해서 다 형용할 수가 없었다. 오선봉과 소향로봉을 지나 두 산 골짜기 사이로 물결이 합쳐지며 굽이쳐 흐르다 만나서 한 흐름을 이루어 이름을 만폭동이라 한다. 못가의 큰 바위에 '봉래풍악원화동천蓬萊楓岳元化洞天' 여덟 글자가 크게 새겨져 있었는데, 전하는 말에 의하면 선인仙人 양봉래[36]가 쓴 것이라고 한다. 은 갈고리와 쇠사슬처럼 힘찬 글씨는 용과 뱀이 날아오르는 것 같았다. 그 위의 작은 병풍바위에는 또 김곡운[37]이 팔분서체[38]로 '천하제일명산'이라는 여섯 글자를 새겨놓았다.

오선봉에서 청학대를 끼고 활 모양의 돌 두 개가 마주 덮어서 문을 만들었는데 이른바 금강문이다. 청학봉은 층층이 돌이 쌓인 것이 항아리나 바구니 같았고, 뾰족한 바위 위에는 네모난 바위가 덮여 있었는데 돌로 된 불탑 같기도 하고 모자나 두건을 쓴 것 같기도 했다. 바위 위에는 날아가는 까마귀 똥의 흔적이 어지러이 남아 있으니 진실로 선학이 깃든 곳이라 할 만했다. 전설에 의하면, 옛날에 청학이 이 봉우리에 둥지를 틀고 알을 품으려 하다가 양봉래의 '원화元化'라는 큰 글자를 보고 기를 빼앗겨 날아가 다시는 돌아오지 않았다고 한다. 그 옆에 내 이름을 새기고 시를 읊었다.

향기로운 곳 돌아드니 경치 더욱 새롭고

---

36 **양봉래**楊蓬萊 양사언楊士彦, 1517~1584. 조선의 문신이자 서예가.
37 **김곡운**金谷雲 김수증金壽增, 1624~1701. 김상헌의 손자. 기사환국으로 동생 김수항과 송시열이 죽자 강원도 화천으로 들어가 은둔. 주자를 본받아 그곳을 곡운이라 하고 곡운구곡을 꾸렸다.
38 원문은 팔분八分. 팔분서체는 전서와 예서를 2:8의 비율로 섞어 쓴 서체이다.

지는 꽃 향기로운 풀에 속된 마음[39] 슬퍼하네.
제법 물오른 나무 빛으로 봄은 그림 같고
콸콸 흐르는 샘물 소리 골짜기에 넘친다.
달은 겨우 보름 지났는데
고향 그리워도 다른 몸으로 변하기 어렵구나.
깊은 산속 해가 지는데 훨훨 날아가는 학이
모두 간밤의 꿈에 본 사람이라.

    길을 돌아 수미탑으로 갔다. 수미봉 아래에 있는 탑은 마치 흰 비단과 검은 비단을 하나하나 쌓아서 허공 중에 높이 꽂아놓은 것 같았다. 앞에는 고르고 판판한 바위 위로 폭포수가 흐르고 얼음과 눈이 아직도 남아 있었다. 정양사[40]에 도착해 헐성루에 올랐다. 이는 바로 절의 문루로 내산의 진면목이 한눈에 들어왔다. 사방으로 시야가 트이고 가로막는 게 없으니 만이천봉이 뚜렷이 눈 아래 있었다. 어떤 것은 눈을 쌓아놓은 것 같고, 어떤 것은 부처가 앉아 있는 것 같고, 어떤 것은 머리를 올려 꾸민 것 같고, 어떤 것은 칼로 뚫어놓은 것 같고, 어떤 것은 연꽃송이 같고, 어떤 것은 파초 잎 같은데, 하나는 손을 맞잡고 또 하나는 절을 하고, 하나는 옆으로 또 하나는 위로, 일어서기도 하고 웅크리고 있기도 하여 그 천만 가지 모습을 말로 표현할 수 없었다.

남쪽은 장경봉, 관음봉 아래 지장봉, 석가봉이고, 동쪽과 남쪽 사이 위쪽은 지장봉, 백마봉, 십왕봉, 솔리봉, 차일봉이고, 서쪽은 망고대, 미륵봉, 혈망봉, 석응봉이고, 망고대 아래 송라암, 석응봉 아래 은장암, 백마봉 아래 영원동이 있다. 그 아래에 나란히 솟은 것은 모두 오선봉이라 부른다. 동북쪽의 여러 봉우리는 모두 중향성으로 단풍철이 되어 저녁 햇빛을 반사하면 붉은 비단 장막이 병풍 사이로 눈부시게 비치는 듯한 광경이 더욱 절묘하다고 한다.

중향봉 서쪽은 영랑첨, 수미봉 동쪽은 곤로봉으로 이들은 가장 높은 봉우리다. 또 가섭봉이 있고, 낮은 것은 사자봉이다. 중향성 아래에는 백운대, 백운암, 만회암이 있다. 사자봉 밖으로 뻗은 줄기가 대향로봉, 소향로봉이 되고, 그 서쪽이 바로 청학대라고 한다. 따라온 사람이 손으로 가리키며 방향을 구분할 줄 알면 직접 가서 눈으로 보는 것만 못하다고 하니 이는 앉아서

---

39   원문의 전진前塵은 불교 용어. 갈피를 못 잡고 헤매는 마음 앞에 나타나는 육진六塵, 즉 색色, 성聲, 향香, 미味, 촉觸, 법法의 경계.
40   **정양사**正陽寺 내금강. 표훈사 북쪽에 있는 절.

용고기에 대해 이야기하고만 있으면 배부른 줄 모른다는 말[41]에 가깝다고 할까.

어느새 붉은 해가 아침 안개 사이에서 은은하게 솟아올랐다. 날씨가 맑고 깨끗해서 마치 가을 달이 강물에 비치는 것처럼 은빛 벽과 옥 떨기가 밝고 아름답게 빛나니 창해 밖에 진실로 삼신산이 있고, 무산 위에 또 요지가 있음을 알겠다. 난새와 봉황, 기린을 보지는 못했지만 진귀한 새와 기이한 짐승이 좌우에 있으니 마치 진짜 신선이 봉래산과 영주산을 밟은 것처럼 나도 모르게 몸과 마음이 맑아져 탄식하며 붓을 들어 시를 썼다.

헐성루 아름다운 골짜기 가운데 있어
산문 들어서자 그림 같은 숲 펼쳐지네.
아름다운 경치 천만 가지로 빼어난 곳
저 많은 연꽃 어스름에 아리땁구나.

절에는 설악대사라는 노승이 앉아서 경문을 외고 있었다. 나이가 아흔일곱 살로 밥을 먹지 않고 솔잎 죽을 먹은 지 삼 년째라고 하는데 탈속한 모습이 신선이나 부처 같았다.

다시 개심대로 올라가 중향성을 바라보니 봉우리

들이 서로 빼어남을 다투듯 볼수록 뛰어났다. 마치 백옥을 깎아 연꽃을 만든 것처럼 그 빛이 북두성과 견우성을 비추니 천지의 발랄한 생기와 산하의 빼어난 기운이 여기에 다 모인 듯했다. 정신과 기운이 상쾌하여 날아가는 신선을 끼고 구름 위를 밟는 듯했다. 해가 저물며 안개가 온 골짜기를 감싸자 만 길 붉은 비단을 펼친 듯 했다. 그 기이한 모양을 이루 다 쓸 수 없다.

마가연에 이르렀다. 암자가 중향성 아래 있는데 선방의 창을 열어젖히고 좌우를 내려다보면 대향로봉이 바로 섬돌 밖에 있는 것 같고, 혈망봉과 망고봉은 책상처럼 마주 보고 서 있다. 혈망봉은 곧게 솟았는데 밝고 아름다웠으며 점점이 흰 무늬가 푸른 나무들 사이로 은은히 비쳤다. 산 정상에는 돌문처럼 보이는 굴이 있는데 멀리서 보면 사람이 드나들 수 있을 정도이다. 그래서 그 이름을 혈망[42]이라 한다. 망고봉과 혈망봉은 같은 줄기로 이어지다가 봉우리가 형제처럼 갈라지고

---

41 소식蘇軾의 〈답필중거서答畢仲擧書〉에 나오는 내용. 소식이 선학禪學을 좋아하는 진술고라는 사람과 이야기를 나누는 중 진술고가 자신의 말은 지극한 경지에 이르렀다고 하고 소식의 말은 하찮게 여기자 소식이 "그대의 말은 음식에 비기면 용고기이고 내 말은 돼지고기니 참으로 다릅니다. 그러나 그대가 종일 용고기에 대해 말하는 것이 내가 돼지고기를 정말 맛있게 먹고 참으로 배부른 것만 못합니다"라고 했다고 한다.
42 혈穴은 굴이라는 뜻.

가섭봉은 뒤에 있는데 기이하고 빼어나다.

　　암자를 나와 중향성을 올려다보니 우뚝우뚝 서 있는 봉우리들이 마치 방 안에 수많은 세존이 흰 머리를 드러내고 서 있는 모습과 닮아서 사람들이 놀라 소리지르게 했다. 그 경계의 아름답고 영롱함, 절 건물의 정결하면서 맑고 그윽함, 바위와 골짜기의 깊고 맑음, 소나무와 회나무의 울창함은 금강산 내에서도 마가연이 으뜸이다.

　　일 리쯤 가니 안문이라는 고개가 나왔다. 고개에 오르니 윗면이 제법 평평한데 바로 회양과 고성이 나뉘는 곳으로 이름을 내산첨이라 한다. 내금강의 여러 봉우리를 바라보면 대체로 기이한 느낌이 들지만 그중에서도 으뜸은 비로봉으로 여러 봉우리 중 빼어나다. 위는 둥글면서 두텁고, 전체가 모두 흰빛으로 멀리까지 밝게 비치니 가히 내금강 중 으뜸이라 할 만하다. 일출봉과 월출봉 두 봉우리가 양쪽에 솟아 있는데 그 끝이 희고 깨끗하여 또한 몹시 사랑스럽다.

　　썩은 외나무다리를 지나자 불지암이 나왔다. 까마득히 높은 절벽이 허공중에 서 있는데 벽면이 매우 넓었다. 나옹화상의 모습을 새겨서 벽 가운데를 가득 채웠다. 우뚝하게 위엄이 있는 것이 늠름하여 두렵고 삼가는 마음이 들었는데 묘길상이라 한다. 길가에 돌을 쌓은 축대가 있고, 축대 위에는 광명대가 있는데 제물을 올리고 등을 켤 때 쓰는 받침대이다. 그 옆에는 은하수 같은 길이 층층이 아래로 펼쳐지는데 천 가닥 비단실이 흰 비단에 걸려 있는 것 같았다. 이적선[이백]으로 하여금 이 광경을 보게 한다면 결코 여산이 이곳보다 아름답다 하지는 못하리라.[43] 불지암 옆에 감로수라는 것이 있는데 물맛이 맑고 차서 온갖 병을 낫게 할 수 있다고 한다. 내가 묵은 체증이 있어 일부러 가서 마셔보니 갑자기 위장이 맑고 시원해지는 듯했다.

지장암에 들어가니 승려들이 모두 흰 납의를 입고 십여 개 계단을 다투어 내려와 합장하고 절을 했다. 그중 한 노승은 칠십여 세로 본래는 춘천의 이씨 성을 가진 사람이었다고 한다. 중들에게 명해서 국수 한 그릇을 내오게 했다. 산길을 오느라 시장하던 차에 한번 배불리 먹었다. 거기서 사흘을 머물렀다. 승려들이 매일 저녁 예불을 하고 경쇠를 울렸는데 새벽에도 그렇게 했다. 승려들의 예불소리가 경쇠소리에 응하여 서로 주고받으니 속세 생각이 문득 사라지게 했다. 진기한 노리

---

43 중국 강서성의 장강 남쪽에 위치한 여산廬山은 경관이 빼어난 명산으로, 예로부터 이백李白 등 많은 시인들이 그 아름다움을 노래했다.

개와 귀한 그릇들이 매우 많은 걸 보니 세상에서 '산사에 재화가 많이 쌓여 있다'고 하는 말이 헛된 말이 아니다 싶었다.

청련암에 들어가니 암자에는 비구니가 있었다. 거처가 무척 정갈하고 내오는 채소와 과일이 모두 맑고 담백해서 먹을 만했다. 들으니 궁인 두 사람이 약수를 마시러 와서 머물고 있다고 해서 가보니 품계가 낮은 평범한 궁인들이었다.

원통곡을 지나 사자봉으로 갔다. 사자봉 앞에는 화룡담이 있는데 늙은 용이 꿈틀거리는 모습과 흡사했다. 팔담의 끝부분으로 날리는 물방울이 세찬 소리를 내며 흩어지니 천둥이 숨어 있는 것 같았다. 좌우의 높고 뾰족한 봉우리들은 늘 구름 속에 잠겨 있었다. 바위에 이름을 새기고 수십 보를 나아가자 못이 나왔다. 경치가 몹시 아름다웠는데 진주담이라 한다. 진주담 옆 돌에 수렴동이라 새겨져 있는데, 팔담 중 으뜸이라고 한다.

유점사에 가보았다. 이 절은 외금강의 제일가는 사찰이지만 여러 번 화재를 당해 웅장하고 화려함이 이전에 훨씬 못 미친다고 한다. 그러나 전각의 크고 넓쩍함과 사치스러움은 다른 절이 따라올 수 없었다. 법당

동쪽에 오탁정이 있는데 물이 맑고 달았다. 절이 오래 되고 우물이 없었는데 갑자기 까마귀가 땅을 쪼기에 승려가 따라가 파보니 과연 물이 솟아나오고 샘의 근원이 마르지 않아서 이름을 오탁정이라 한다. 이 절은 세조가 말을 타고 와서 머문 곳이고, 예종, 성종 두 임금 모두 패와 밭과 어필과 문권을 내려주었다. 그래서 따로 어실御室을 짓고 세 임금의 패와 어필을 모셔두었다. 여러 번 화재를 겪었는데 불이 서까래에 옮겨 붙다가 곧 저절로 꺼졌다고 한다.

불탑 위에는 사슴뿔 같은 나뭇가지가 가로 걸쳐 있고 가지 사이에 쉰세 개 부처상이 나란히 앉아 있는데 모두 작아서 몇 치가 되지 않는다. 전설에 의하면, 신라 때 문수대사가 쉰세 개의 종을 주조했는데 모두 불상이 되었다가 주문을 외자 쉰세 개의 종으로 변해 날아다녔다. 이에 문수대사가 바다에 띄워 보내 그 종이 월지국에 이르렀다. 국왕이 종을 두드리며 가고자 하는 곳으로 가라고 축수하자 종이 마침내 배를 타고 바다를 건너 돌아와 고성에 정박해서 쉰세 개의 불상이 되어 바위 가운데 있게 되었다. 지금은 현종암[44]이 있다. 그때

---

44 현종암懸鍾巖 종을 거꾸로 엎어놓은 것 같은 모습의 바위라는 뜻.

나이든 비구니가 길을 가는데 갑자기 흰 개가 앞에서 인도하고, 푸른 노루가 뒤를 따르는 것이 승려의 꿈에 나타났다. 지금의 구령狗嶺, 장령獐嶺은 이렇게 생긴 이름이다. 스님이 그 꿈을 기이하게 여겨 소나무 숲 사이로 두루 발자국을 찾다가 발견한 뒤에 고성 군수인 노준盧偆에게 고했다. 노준이 관리들을 이끌고 맞이하니 쉰세 개의 불상이 바위 가운데서 날아와 큰 못가의 느릅나무 위에 모였다. 노준이 신라 남해왕에게 고하고 못을 메워 절을 짓고 쉰세 개의 불상을 안치한 뒤 절 이름을 유점사라 했다. 불상을 나무 귀퉁이에 나란히 앉힌 것도 느릅나무에 와서 앉은 것을 본뜬 것이다. 큰 못에는 일찍이 아홉 용이 있었는데 신령한 스님이 사흘 밤낮으로 불경을 외자 용이 마침내 산속의 폭포로 달아나 못을 이루었다. 이것이 구룡연이다. 노준 화상도 그려놓았는데 붉은 도포에 오모烏帽[45]를 쓰고 황금색 띠를 하고 홀을 쥐고 있고, 옆에는 작은 목인木人과 작은 목마가 있는데 이는 노준의 종과 말이다. 지금도 아랫방에서 제사를 지낸다. 노준의 처가 그를 따라갔으나 미치지 못하고 창고의 성황신이 되었다. 그 사이에 불상 세 개를 잃어 절의 승려들이 다시 주조했는데 꿈에 세 부처가 나타나 새로 주조한 것이 좋지 않다고 해서 절의 승려들이 바닷가를 두루 다니며 찾다가 깊은 산꼭대기에서 발견해 다시 본래 자리에 안치했다고 한다.

이는 모두 고려 문인 민지閔漬가 기록한 것이다.[46] 민지는 불교를 깊이 좋아해서 호를 스스로 법희자法喜 者라고 했다. 이 일들이 모두 황당하지만 이 말이 진짜인지 거짓인지를 누가 가려낼 수 있겠는가. 인목왕후가 친필로 쓴 미타경 한 첩도 있었는데 이는 서궁에 유폐되었을 때 쓴 것이다. 끝에 짧은 발문이 있는데 본가 친척들과 영창대군이 후생에서 복을 받기를 축원한 것이다. 정명공주가 부처에게 시주한 물건들로는 칠보장과 수놓은 병풍 등 몇 가지가 있었다. 마당 가운데 십이층 탑이 있는데 깎고 새긴 것이 정교하였다. 구리로 만든 큰 솥은 곡식 백 말 정도의 밥을 지을 수 있어 매번 수륙대재 공양을 올릴 때면 이 솥에 밥을 찌는데 불을 때도 연기가 나지 않아 이름을 무연조[47]라 하니 또한 신기했다. 안팎의 큰 사찰에는 모두 큰 솥이 있다고 한다.

45 **오모**烏帽 은자나 거사가 쓰던 검은 모자.
46 민지(1248~1326)가 유점사의 관련 사적을 모아 펴낸《금강산유점사사적기》를 말한다.
47 **무연조**無烟竈 연기가 나지 않는 부뚜막.

산속에 해가 저무니 달빛은 그림 같고 산천의 풍경은 수묵화 같은데 간간이 들리는 경쇠 소리가 청량했다. 율시 한 수를 읊었다.

> 하늘가 낭떠러지에 암자 하나
> 산 북쪽 맑은 종소리 남쪽에서 울리고
> 흰 구름 치고 일어나 골짜기 나가서
> 밝은 달 불러오니 고요히 못 속에 잠겼구나
> 문득 깨달으니 뜬 인생 꿈같고
> 고요하여 마치 옛 부처 이야기 듣는 듯
> 오십삼 부처 계신 청정한 곳에서
> 백겁으로 통하는 지혜의 등불에 참배하네.

구령을 넘어가서 은선대를 바라보니 깎아지른 절벽에 가파른 바위가 서북쪽에 서 있었다. 높이가 얼마나 되는지 알 수 없고 검푸른 빛을 띠었는데 이름이 효운동이다. 절벽 사이로 떨어지는 폭포는 마치 흰 비단을 펼친 것 같은데 여러 골짜기에 흩어져 있어 이름이 십이폭포다. 자주빛 버섯이 나란히 나 있어서 신선의 자취를 만나 참된 인연을 맺는 것 같았다. 붉은 해가 서쪽으로 떨어지고, 안개가 골짜기마다 잠겨 있고, 숲에는 비가 조용히 흩날리니 산골짜기의 모습이 바뀌었다. 이윽고 달빛이 교교하게 빛나니 마치 남전의 백옥과 창해의 명주가 유리병 안에서 서로 비추는 듯하여 진실로 세상에서 볼 수 있는 광경이 아니었다.

다음날 날이 밝자 산문을 차츰 벗어나 꽃나무 숲을 지나갔다. 향기가 옷에 스며들고 맑은 바람이 가볍게 불어왔다. 멀리 푸른 바다를 바라보니 하늘과 한 빛이었다. 문득 허공을 딛고 바람을 타고 날아가는 상상을 했다. 중국의 산하를 보지는 못했지만 중국인들도 고려에 태어나 금강산을 한번 보고 싶어 하는 사람이 있으니 산과 바다의 뛰어난 경치로는 천하를 두루 다 보아도 여기에 대적할 만한 것은 없을 것 같았다. 바다를 보며 시를 지었다.

모든 물 동쪽으로 흘러드니
깊고 넓어 아득히 끝이 없구나
이제야 알았노라 하늘과 땅이 커도
내 가슴속에 담을 수 있음을

이 산은 이름이 아주 많아 금강, 기달, 중향성, 열반, 개골, 풍악, 봉래라고 하는데 간단히 부르면 금강이다. 금강 내산과 외산은 기이한 절벽이 아닌 봉우리가 없고, 이름난 폭포가 없는 못이 없다. 내산은 높고 매우 험준한데 흰색이 많고 푸른색이 적고, 외산은 온화함이 두드러진데 푸른색이 많고 흰색이 적다. 봉우리로는 비로봉, 중향봉, 대향로봉, 소향로봉, 청학봉, 관음봉, 석가봉, 오선봉, 망고봉, 혈망봉이 빼어나고, 못으로는 만폭, 흑룡, 벽하, 분설, 진주, 구담이 특히 아름답다. 암벽이 웅장하기로는 명경대, 묘길상만한 것이 없고, 툭 트인 전망으로는 헐성루, 백운대만한 곳이 없다.

골짜기의 장관으로 모두 장안사를 추천하지만 표훈사, 보덕사, 마가사도 모두 내산의 이름난 사찰이다. 칠보대, 불정대, 석문동, 채하봉, 집선봉은 산중 빼어난 곳이고, 선담의 고인 물과 흐르는 물, 비봉의 높음, 옥류의 아름다운 소리는 그다음 아름다운 것이다. 구룡연 큰 물결의 거칠고 험함은 만이천봉 가운데 대적할 만한 것이 없다. 유점사라는 이름은 기이한 자취에 근거한 것으로 팔만 구 암자 중에서 실로 으뜸이다. 이것들은 외산에서 유명한 것을 일컬을 것이다.

무릇 금강산의 기이함은 물이나 바위에 있는 것이 아니다. 산 전체가 흰색인 것이 더욱 기이하지만 내산, 외산의 이름 없는 봉우리 중 분칠한 듯한 것들이 얼마나 되는지 알 수 없다. 형형색색 온갖 것들이 다 있는데 늙은 승려와 종과 북의 모습을 한 것이 열에 여덟, 아홉은 된다. 내산, 외산을 막론하고 무릇 구경할 만한 곳은 빽빽한 숲과 어지러운 바위와 세차게 흐르는 물을 뚫고 지나가지 않으면 안 되니 마땅히 호랑이나 표범 따위가 있을 듯하나 옛날부터 그런 걱정이 없었다고 한다. 이 또한 땅의 신령이 꾸짖어 명산을 보호해서 그런 것인가. 절의 옛 기록에 이르기를, 중국의 신승神僧 담무갈曇無竭이 와서 중향성에 앉아 만이천 제자를 이끌고 설법을 한 뒤에 성불하고 제자들은 만이천 봉우리로 변했다고 한다. 지금도 큰 바위를 가리켜 담무갈의 화신이라 부른다고 하는데, 어찌 황당하고 허황된 말이 아니겠는가. 내산의 둘레는 육, 칠십 리 정도 되고, 외산의 둘레는 백여 리쯤 되는 것 같다. 외산 전체는 고성에 걸쳐 있으며 북쪽 갈래는 통천으로 돌아들어간다.

관동팔경을 차례로
___

 내산, 외산을 다 둘러보고 관동팔경을 보기 위해 통천으로 향했다. 금란굴을 거쳐 총석정에 올랐다. 총석정은 봉우리 꼭대기에 있는데 낭떠러지 길에 가로로 늘어서 있는 어지러운 바위들은 하나하나가 주춧돌 같은 모양을 하고 있었다. 바다 북쪽 만 근처 해안에 서 있는 바위들은 모두 여섯 면으로 깎여 있고 한 무리씩 묶여 있는데, 거의 십여 무리에 이른다. 무리들마다 혹은 일고여덟 개의 기둥, 혹은 열 개 남짓의 기둥, 혹은 네다섯 개의 기둥, 혹 대여섯 개의 기둥이 있다. 색은 검은 유리 같고, 늘어선 것은 실 잣는 기구 같으며, 줄로 갈아놓은 듯이 다듬어져 있고, 여섯 면 하나하나가 조금도 기울거나 좁아지지 않고 매우 정교하다. 노를 저어 바다로 들어가면 기괴하고 아름다움이 갈수록 더할 것 같았다.

 높은 바위 무리가 차례로 나타나는데 한 무리의 높이는 백여 길이나 되고, 한 무리의 바위는 기둥이 삼사십 개나 된다. 한 무리를 지나자마자 한 무리가 또 나타났는데 남쪽의 무리도 우뚝하고 북쪽의 무리도 뾰족했다. 그럼에도 다듬어진 것이 어찌 그리 평평하고, 묶여 있는 것이 어찌 그리 가지런한가.

앞쪽의 물에 있는 무리들은 만 그루의 대나무가 빽빽이 서 있는 것 같고, 뒤쪽의 벽을 등지고 있는 무리들은 또 열 폭 병풍들이 늘어서 있는 것 같았다. 무리들 사이의 거리는 대여섯 걸음에 지나지 않았다. 옛날부터 그 무리의 개수가 모두 얼마나 되는지 헤아려 본 사람이 없어서 무리의 이름이 얼마나 되는지 세상에 전하지 않는다.

백 천만 억 개의 수많은 바위들이 바다 가운데 늘어서 있는데 어떤 것들은 바다 위에 흩어져 있어 이름을 와총석臥叢石이라 한다. 이 돌들이 기울지도 않고 들쭉날쭉하지도 않고, 면면이 모두 잘 다듬어져 있으며, 하나하나 싸고 있는 것이 기둥이 아닌 것이 없고 반드시 여섯 모서리인 것은 무슨 까닭인가. 천하의 명산기를 두루 살펴보아도 총석과 비슷한 것이 없고 오직 우리나라에만 있으니 어찌 더욱 기이하지 않은가.

장자에게 총석을 보인다면 분명히 "상제가 여와씨와 지신地神을 시켜 구슬과 조개로 된 궁궐을 짓기 시작하다가 중간에 그만두는 바람에 포구에 주춧돌이 남아 있는 것"이라는 농담을 던지리라. 또 초나라 영왕, 진나라 시황제, 한나라 무제 같은 군주들로 하여금 보게 한다면 반드시 천하 백성의 힘을 동원하여 다 깎고 훼손해서 장화궁[48], 아방궁, 백량대[49]의 기둥을 세우리라. 소나무는 본래 다른 나무와 달라서 자르고 나면 다시 살지 못하는데 오직 총석의 소나무만은 잘라낸 뒤에도 다시 새로운 가지를 뻗어서 여전히 큰 소나무가 된다고 하니 또한 희한하다.

 해금강이라는 이름은 바다 속의 돌 봉우리가 금강산과 흡사해서 붙여진 것이다. 날씨가 맑을 때 물고기 기름을 바다에 뿌리고 보면 볼 수 있다고 한다. 마침 날씨가 개어 바다에 배를 띄웠다. 망망한 바다는 하늘에 닿아 끝이 없는데 만이천봉의 모습이 바다 가운데 가라앉아 층층이 겹쳐 기이한 가운데 푸른빛 흰빛이 영롱했다. 마치 그림 속의 온갖 만물의 모습 같아 참으로 입을 놀리기 어려웠다. 실로 천하의 뛰어난 경치라 할 만하다. 금강산 만이천봉을 만들고도 남은 기교를 다 못 써서 또 그에 버금가는 희극을 바닷가 바위벽에 만들었으니 조화옹의 뜻이란 아, 또한 기이하구나.

 아름다운 푸른 옥들 모여
 하늘 받치며 물속에 서 있네.
 여섯 모서리 천만 개 기둥

신의 도끼가 교묘한 솜씨 부렸네.

    고성으로 돌아가서 삼일포로 갔다. 소나무 숲이 그림자를 드리우고 호수 빛이 은은히 비쳤다. 북쪽으로는 크나큰 깊은 바다가 거스르고, 서쪽으로는 높고 가파른 산을 끼고 있다. 기이한 바위는 죽순이 삐죽삐죽 나온 것 같고, 밝은 모래는 흰 깁을 펼쳐놓은 듯하여 이미 인간세상이 아니었다. 앞에 커다란 바위가 나왔다. 바위 뒤에는 '삼일호'라 새겨져 있고, 앞에는 '제일 호수와 산'이라 새겨져 있기에 배를 불러 호수에 띄웠다. 호수는 바닷물로 동북쪽에서 흘러들어와 만들어진 것인데 물은 쪽빛처럼 푸르고 물결은 거울처럼 맑았다. 갈매기와 해오라기는 놀라지도 않고 마름은 서로 얽혀 있는데 깊은 곳도 한 길이 되지 않고 얕은 곳은 겨우 허리가 잠길 정도이다.

    호수 가운데 여러 섬은 모두 흰 돌로 이루어졌고, 푸른 나무는 덩굴이 덮여 있었다. 서른여섯 봉우리는 모두 손을 맞잡고 절을 하며 둘러싸고 있었는데 싱긋

---

48   **장화궁**章華宮 초나라 영왕이 세운 궁궐.
49   **백량대**柏梁臺 한나라 무제가 원정 2년 장안에 세운 누대로 향나무를 재목으로 썼다고 한다.

웃는 것도 같고 날개를 펄럭이며 춤을 추는 것도 같았다. 솥 같기도 하고, 종 같기도 한 바위는 모두 고개를 돌리고 안을 향하고 있었다. 이 한 구역의 광경이 그윽하면서도 어여뻐서 마치 얌전하고 정숙한 여인이 맑게 꾸미고 단정하게 서 있는 것 같았다. 수려한 경치가 손에 잡힐 듯했다. 옛날 사람들이 서호를 항주의 얼굴이라 했는데, 나는 이 호수를 관동의 얼굴이라 부르리라.

배를 매어두고 정자에 오르니 '사선四仙'이라는 현판이 있었는데, 이는 신라 때 신선 영랑, 술랑, 안상, 남석 넷이 노닐던 곳이다. 호수의 이름이 삼일三日인 것도 네 신선이 이곳에서 사흘을 노닐었기 때문이다. 도암島巖은 물 한가운데 있고, 정자는 그 위에 있는데 활 모양의 돌이 첩첩이 쌓여 기틀이 되었다. 엎드린 호랑이 같은 바위, 하강하는 송골매 같은 바위, 거북 같은 바위, 붕어 같은 바위가 정자 옆을 에워싸 저절로 난간이 되었다. 정자는 네 칸으로, 기둥은 육 면인데 돌이 그 반을 이었다. 정자 안에는 방이나 마루를 두지 않고 벽돌만 깔려 있었다. 호수 사방은 화살 몇 대 날아갈 거리인 듯하나 사방 사십 리라고 한다.

이곳에 오니 속세의 일과 속된 생각들이 깨끗이 사라지고 날개가 돋아 신선이 되어 하늘로 올라가는 것 같았다. 시판詩板이 매우 많은데 최간이[50]의 절구가 가장 뛰어났다. 남쪽 봉우리 바위에는 '술랑도남석행述郎徒南石行' 여섯 글자가 새겨져 있었다. 서남쪽 벽에는 양봉래의 큰 글씨가 있다고 한다. 현종암을 거쳐 평평한 숲을 끼고 내려와 푸른 숲과 밭을 지나가니 탁 트인 들판이 한눈에 들어왔다. 봉우리들은 낮게 엎드려 있고 시내의 모래와 돌은 깨끗하고 아름다웠다. 길가의 해당화가 이제 활짝 피려 하고 길에는 모두 가는 모래가 깔려 있었다. 밟으면 사각사각 소리가 나서 세상에서 명사鳴砂라 부르니 이른바 '명사십리 해당화'라는 것이다. 지나가며 절구 한 수를 읊었다.

봄 이미 저물어 꽃 다 졌는데
해당화만 남았구나
해당화 또한 져버리면
봄의 일 적막하고도 허전하리

길을 바꾸어 간성으로 향하다가 청간정淸澗亭에 올랐다. 바닷가에 있는데 이름을 간澗, 시내이라고 한 뜻을

---

50 **최간이**崔簡易 최립, 1539~1612. 조선시대 선조말의 대표적인 문인. 간이는 당호.

알 수 없었다. 정자 앞의 바닷물 가운데 돌이 있는데 엎드린 거북같이 생겨서 거북이바위[귀암龜巖]라 부른다. 바위 가운데 돌이 있는데 이름이 자마석自磨石이다. 돌 위아래는 새로 다듬은 듯한 자그마한 돌이 있는데 큰 것은 은행잎만 하고, 작은 것은 작은 동전만 하다. 두 돌이 서로 번갈아 갈아서 만들어진 것이라고 하나 두 돌 위아래 거리가 거의 한 자 남짓인데 어찌 서로 갈 수 있겠는가. 그러나 먹으로 글자를 쓰면 며칠 지나 곧 갈아져 없어진다고 하니 그 이치를 참으로 알 수가 없다.

월출을 보기 위해 정자에 앉아 닭이 울 때까지 기다렸다. 갑자기 바다 위 구름이 영롱해지더니 옥같이 흰 반달이 들어갔다 나왔다 하다가 차츰 얼굴을 드러냈다. 맑고 밝은 빛을 구름 끝에서 토해내니 황홀하여 흰 연꽃 송이인가 싶었다. 수면 위를 두루 비추니 갑자기 푸른 유리가 한없이 펼쳐지고 옥으로 만든 집의 맑고 깨끗한 마루가 다 드러나는 것 같았다. 맑은 바람이 서늘하고 마음이 날 듯 가벼워 밤 깊도록 잠들지 못했다. 어린 종을 시켜 차를 내오게 하고 먹을 갈아 시 한 수를 썼다.

저녁 구름가로 한 조각 하늘 파랗게 터지니
천지 만물 하늘 열릴 때처럼 새로워라
눈치 빠른 아이종은 차를 달이려
솔숲 사이로 비치는 이지러진 달빛 아래 맑은 샘물 길어오네.

창으로 해가 붉은빛을 비추고 처마의 새가 시끄럽게 울어 비로소 봄잠에서 깨어났다. 푸른 바다를 내려다보니 구름이 걷히고 안개가 사라져 그 끝을 헤아릴 수 없고, 천지간의 만물이 거대함을 더욱 깨달아 덧없는 인생이 좁쌀처럼 작음을 스스로 탄식하였다.

양양의 낙산사를 찾아가니 푸른 산이 사방을 에워싸고 소나무가 우거져 빽빽했다. 바닷가에 있는 관음사는 한쪽은 벼랑 모퉁이에 의지하게 하고, 한쪽은 바다 속에 기둥을 세우고 허공에 나무를 얽어 지었다. 법당은 크고 웅장하며 불상을 흰 비단으로 감싸놓았다. 마루 판자 밑으로 바닷물이 석굴 안으로 들어갔다 나왔다 하는 것이 보였다.

마른하늘에 천둥이 울리며 산을 뒤흔들어 협창을 열고 멀리 바라보니 물빛이 하늘에 닿아 있고 산천의 경치는 모두 그림 속 풍경이었다. 흰 갈매기가 어지러이 날며 내려오니 또 하나의 뛰어난 볼거리였다. 바닷가 여자들은 모두 나이가 들어 보이는데 맨발로[51] 미역을 따고 있고, 푸른 파도 사이로는 가끔씩 장삿배가 나타났다 사라졌다 했다. 바닷가 시골집에는 고래 뼈로 만든 절구가 많았는데 고래 크기를 짐작할 만했다. 물개가 많이 나와 바위 위에 쭈그리고 앉아 있는데 모두가 검고 생긴 것도 똑같았다. 보통 물개는 사람을 보면 짖는데 가까이 다가가자 물속으로 들어가버렸다.

의경대에 올랐다. 닭이 몇 번 운 뒤 일출을 구경하려고 멀리 바다와 하늘을 바라보았으나 구름과 노을이 뒤섞여 분간할 수 없고,[52] 기다려도 고요히 아무런 낌새가 없는 듯했다. 어두운 구름이 가려 방해하는 것이 원망스러웠다. 한나라의 이심[53]이 말하기를, '해가 뜨려 할 때 맑은 바람이 불어 음기들이 일어난다'고 했는데, 내가 보기에도 바다에 뜬 해는 구름에 가려지는 경우가 많다. 어찌 새벽녘 음陰의 기운들이 아직 흩어지지 않아서 그런 것이겠는가. 구름이란 물의 기운으로 바닷물의 기운이 태양에 부딪쳐 위로 올라가 구름이 되는데 이 구름이 해가 뜰 무렵 그 사이를 흘러다니면서 흔들려 움직이는 것인가.

얼마 지나 문득 붉은 거울 하나가 바다 가운데서

불쑥 솟더니 구름 끝이 부드럽게 늘어진 데서 차츰 올라갔다. 빛이 출렁이니 마치 백옥 쟁반 위에 진주 항아리를 높이 들어올린 것 같고, 만灣의 바깥으로 푸른 파도가 넘실거리니 붉은 비단 우산을 펼쳐놓은 것 같았다. 잠시 뒤 어지러운 기운을 깨트리며 둥근 해가 솟구치니 나도 모르게 너무 놀랍고 미칠 듯이 기뻐서 춤을 추듯 펄쩍 뛰었다. 상서로운 햇무리가 바닷물을 내리비추니 한 무리 붉은 구름이 펼쳐지고 또다시 평지를 거꾸로 비추니 위아래로 붉은빛이 통해서 갑자기 천지 사이로 빛의 화살이 만들어졌다. 참으로 일대 장관이었다. 절구 한 수를 지었다.

>붉은 해 맷돌처럼 바다 구름 갈아서 깨트리고
>장대 끝으로 빙빙 돌며 올라가네.
>물 긷고 땔나무 진 시골 골목길
>부슬비같이 상서로운 노을이 가벼운 먼지 적시네.

---

51 원문은 적각赤脚. 적각은 맨발이라는 뜻과 여종이라는 뜻이 있는데 바닷가 여자들이 모두 여종이라고 볼 수 없고, 눈에 보이는 것을 묘사한 것이기 때문에 맨발로 옮겼다.
52 원문 막명漠溟은 혼돈하여 형체가 구분되지 않는 상태.
53 **이심李尋** 중국 한나라 때의 학자로 천문과 음양에 밝았다.

강릉으로 방향을 돌려 경포대에 올랐다. 채색한 누각이 허공에 솟아 있고 호수는 거울같이 잔잔하며 갓 씻긴 흰 모래는 하나하나 셀 수 있을 정도였다. 푸른 산은 수놓은 비단 같고, 바닷가의 모래는 옥으로 된 구슬 같았다. 키 큰 소나무는 우뚝하고, 푸른 버들은 휘늘어졌다. 꾀꼬리는 서로를 부르고 해당화는 붉은 빛을 토해내니 그 넓고 아스라한 형세와 아름다운 경치는 말로 표현할 수가 없었다. 강릉읍은 큰 도회로 충신 효자의 정려비가 마을마다 즐비하게 서 있어 교화가 잘된 마을[54]을 오히려 여기서 볼 수 있었다.

울진에 가서 망양대에 올랐다. 망양대는 바닷가에 있어서 시야가 툭 트여 종일 눈 가는 데까지 바라보아도 하늘 끝을 볼 수 없었다. 큰 파도가 물거품을 내뿜어 흰 눈처럼 날리니 마치 은하수가 온 세상에 흩어져 내리는 것 같았다. 바다 가운데 섬이 파도에 흔들리고 태양 아래 천둥이 요란하게 울렸다. 옛날에 '바람과 파도의 험함'을 '양후의 파도'[55]라고 한 것이 이를 두고 말한 것이 아닐까. 장삿배가 때때로 미친 파도와 성난 물결 가운데 보였다 사라졌다 하니 몹시 위태로워 보여 나도 모르게 놀라 소리를 질렀다.

평해로 가서 월송정에 올랐다. 바람이 고요하고 파

도도 멈추었다. 날씨가 맑아 멀리 섬들을 바라보니 있는 것도 같고 없는 것도 같았다. 바다색이 하늘과 맞닿아 그 끝을 볼 수 없고 다만 맑은 이슬[56]의 기운을 깨닫게 하니 감회가 일었다. 뜬세상의 인생이여, 가련할 뿐이로다! 삼척으로 가서 죽서루에 올랐다. 오십천[57] 흐르는 물이 멀리 태백산을 돌아 동해로 들어갔다.

천지조화의 오묘함이 가는 곳마다 매우 기이하여 찾아보느라 돌아갈 것도 잊고 있었다. 낯선 새들이 짝을 지어 나는데 대부분 이름을 알 수 없었다. 명승지의 새와 짐승은 또 대개 평범한 곳의 것들과는 다르기 때문이다. 무릇 산이나 바다를 보러 가면 두 가지 아름다움을 갖추고 있기 어려운데 이곳 수백 리 안에서는 천하의 빼어난 경치를 둘 다 볼 수 있다. 산은 만이천봉이 있고, 바다는 삼일포, 총석정, 해금강이 있기 때문이다. 뜻하지 않았으나, 천지의 가장 아름다운 기운이 여기에 다 모여 있어 산을 좋아하는 인자仁者의 즐

---

54 원문은 비옥가봉比屋可封. 중국 요순시대에 사방이 두루 교화되어 집집마다 작위를 내릴 정도라는 데서 왔다.
55 양후陽候는 파도의 신. 원래 바다에 인접한 능양국의 제후였는데 물에 빠져 죽은 뒤에 큰 파도를 일으켜 사람을 해치는 악귀가 되었다는 전설이 전해온다.
56 원문 항해沆瀣는 신선이 마신다는, 밤새 내린 이슬.
57 **오십천**五十川 죽서루와 오십천은 관동팔경의 하나.

거움과 물을 좋아하는 지자知者의 즐거움을 온전히 누릴 수 있다. 관동에 오지 않으면 천지의 완벽한 공적을 볼 수 없으리라.

설악에 오르다
___

팔경을 대략 다 보고 나서도 미련이 남아 인제로 가서 설악산을 찾았다. 바위 기세가 하늘에 닿을 정도이고 봉우리들은 열을 지어 높이 솟아 있었다. 바위가 눈같이 희어서 이름을 설악雪嶽이라 한다. 천 겹의 바위산은 높고 가파르고, 만 굽이를 돌아 흐르는 시내는 깊고 차가웠다. 개울을 여러 차례 건너고 산길을 돌아가니 천 봉우리가 빼어남을 다투고 큰 나무가 하늘을 가렸다. 소나무 아래에서 학이 울고 늘어진 덩굴 사이로 사슴이 내달리니 신선이 산다는 요지, 낭원, 봉래, 방장이라 할 만했다. 개울 양 옆으로 붉은 철쭉이 빽빽이 흐드러지게 피었는데 꽃과 이파리가 서로 섞여 짙은 그림자가 물에 어리비치는 것이 마치 긴 무지개를 드리운 듯했다. 옥천에 드리운 무지개도 분명 이보다는 못할 것이다.

옥천은 연경지금의 북경의 옥천산 아래에 있는데 샘이 구슬처럼 물을 뿜어 분설천噴雪泉, 눈을 뿜어내는 샘이라고도 부른다. 웅덩이가 못으로 되었는데 너비가 세 길이 넘는다. 연경 팔경 중의 하나로 옛날에는 옥천수홍玉泉垂紅, 옥천에 드리운 붉은빛이라 불렀고 지금은 옥천박돌玉泉趵突, 옥천의 솟구치는 물이라 바꿔 부른다. 위에는 '천하제일의 샘'이라고 쓴 비가 있다. 내가 비록 직접 보지는 못했지만 그 붉은빛을 드리운 듯한 모습도 이 기막힌 아름다움보다는 못할 듯했다. 가파르게 깎아지른 산세는 하늘에 닿을 듯했다.

조금씩 위로 올라가면 꼭대기에 대승폭포가 있는데 허공중에 걸려 수백 천 길이나 아득히 떨어지며 진주가 옥을 부숴내는 듯 좌우로 물을 뿜어내니 맑은 대낮인데도 천둥이 울리고 비와 이슬이 자욱이 내린다. 그 기세가 바람신이 만들어내는 천만 가지 기이한 모습으로 나타나니 여산의 안탕雁宕[58]과 비교해도 어느 것이 더 나을지 모르겠다. 이 폭포는 삼천 자가 안 될 뿐이지 '은하수가 하늘에 떨어진다銀河落九天'[59]는 구절은

---

58 **안탕**雁宕 중국 절강에 있는 산 이름. 정상에 호수가 있는데 물이 마르지 않아 봄이면 기러기가 돌아와 머문다고 해서 안탕이라는 이름이 붙여졌다.

바로 이 폭포의 모습을 그대로 그려낸 것이다. 비교해 보면 '흰 비단 하얀 눈'은 오히려 평범한 말이고 '옥롱이 허리에 은빛 나비 무지개를 둘렀다'가 여기에 가깝지 않을까.

우비를 입고 모자를 쓰고 비로소 가까이 가보니 날리고 튀어오르며 흩뿌리는 물방울이 모자 위에 어지러이 떨어져 우박이 떨어지는 소리가 나며 모자가 뚫어질 것 같았다. 물방울인 줄은 알지만 나도 모르게 놀라고 두려워 마음을 진정할 수 없었다. 아침 안개가 허공에 자욱하여 숲과 골짜기를 구분할 수 없고 봉우리들이 구름 사이로 나타났다 사라지니 푸른 옥을 깎아놓은 듯하고, 그림 병풍을 펼쳐놓은 듯했다. 이윽고 먹구름이 걷혔다. 달이 밝고 바람이 청량한데 갖가지 기이한 봉우리와 바위가 모두 눈 아래 있었다. 시 한 구절을 지었다.

　　천 봉우리 우뚝 하늘을 찌르고
　　엷은 안개 살짝 걷히니 그림도 이보다 못하네.
　　좋구나 설악산 빼어난 곳
　　대승폭포가 여산보다 나으리.

백담사에 들어가 잠시 쉬었다가 수렴동을 찾으니 물과 바위가 또한 아름답고 웅장했다. 예전에 설악산에는 삼연 김창흡1653~1722의 영시암과 청한자 김시습 1435~1493의 오세암이 있었으나 지금은 그 터만 남아 있다. 비록 볼 수는 없지만 설악이라는 이름은 대개 이 두 분으로 인해 더욱 유명해져서 금강산과 나란하게 된 것이다.

도읍 한양으로

산과 바다의 아름다움과 웅장함을 두루 다 보고 나니 다시 수려하고 번화한 곳을 더 보고 싶어졌다. 마침내 경성으로 향하여 가다가 멀리 한양을 바라보며 시 한 수를 지었다.

한가로이 부평초처럼 멀리 노닐기를 일삼아
산에 오른 지 여러 날이 되어도 멈출 줄 모르네

---

59 이백의 시 〈망여산폭포望廬山瀑布〉 중 "폭포가 날려서 곧바로 삼천 척 아래로 떨어지니, 은하수가 하늘에서 떨어진 것이 아닌가飛流直下三千尺 疑是銀河落九天" 구절에서 왔다.

돌아갈 마음에 즐거이 동쪽으로 흐르는 물 따라가니
서울의 바람과 연기도 조만간 걷히리라.

　한양은 제왕의 도읍으로 억만년 태평세월의 기틀이니 구구한 좁은 소견으로 엿보고 추측할 바가 아니고 그 웅장한 형세와 엄숙한 기상이 다만 그 큰 계획을 깨닫게 할 따름이었다. 높고 높은 봉우리와 첩첩한 산은 용이 서리고 호랑이가 웅크린 듯 꿈틀대며 일어나는가 하면 엎드려 있기도 하고, 칼날이 서고 깃발이 펼쳐진 것 같기도 하다. 북으로 삼각산과 백악산이 큰 도시를 웅장하게 누르고, 남으로는 목멱산과 종남산이 책상을 마주한 듯 서 있으며, 왼편으로는 왕십리 벌판이 동쪽 성곽을 에워싸고 오른편으로는 만리재가 서쪽 끝을 받치고 있다. 한강이 띠처럼 두르고 있고 삼강[60]은 도시의 문으로 배와 수레가 모여든다. 강과 육지가 만나 기세가 웅장하고 물산이 풍성하니 아아, 아름답도다. 고구려의 도읍은 평양으로 비록 수양제의 위세로 천하의 군대를 동원했으나 '요동에 가서 헛된 죽음을 당한다'[61]는 노래가 나왔고, 또 당태종의 뛰어남으로도 한 성 밑에서 곤경을 당하여 오히려 '눈에 화살을 맞다'[62]는 시구를 면치 못했다. 하물며 서울은 굳건한 천

연의 요새요 땅이 비옥하고 물산이 풍부한 땅이니 누가 날아서 강을 건너올 수 있겠는가.

　남산에 올라 대궐을 내려다보니 용루와 봉각에 상서로운 기운이 쌓였고, 시내를 내려다보니 회칠한 담장과 성가퀴성 위에 낮게 쌓은 담에 아름다운 기운이 가득했다. 크고 화려한 저택들이 즐비하고, 꽉 들어찬 술집들이 하늘을 찌를 듯 마주 보고 있었다. 붉은 수레바퀴 푸른 말발굽이 길을 비키라는 소리와 함께 동서로 내달리고, 부귀한 이들은 번화한 거리에서 다투어 뽐내고, 백마 타고 금 채찍을 들고 놀러나온 젊은이들은 삼삼오오 짝을 지어 의기투합해서 청루와 술집에서 만나니 실로 밝은 세계의 태평스런 기상이라 할 만했다. 시골에서 나고 자라 스스로 안목이 좁음을 비웃다가 성

60　**삼강**三江　한강, 용산강, 서강으로 이곳으로 물산이 모였다.
61　《호동서락기》 연세대 소장본에는 "謾惹出遼東浪死"로 되어 있고, 이대 소장본 《금원집》에는 "無向遼東浪死"로 되어 있다. 수양제隋煬帝가 고구려를 치려고 산동山東 지방에 조서를 내려 군사를 징발하고 백성을 동원해서 군량을 운반하게 하자 백성들이 곤궁에 빠져 도적이 되기도 하고 "요동으로 갔다가 헛되지 죽지 말라無向遼東浪死"라는 노래를 지어 부르자 징발된 군사들이 도적의 무리에 많이 가담한 것을 말한다.
62　원문은 현화백우玄花白羽. 목은 이색1328~1396의 시 〈유림관에서 정관의 노래를 짓다貞觀吟楡林關作〉에 "화살에 눈이 빠질 줄 어찌 알았으랴那知玄花落白羽"라는 구절이 있다. 현화는 눈, 백우는 백우전 즉 화살을 말한다. 당 태종이 고구려를 쳤을 때 눈에 화살을 맞아 떨어졌다는 뜻. 《금원집》에는 이 구절이 빠지고 대신 "傷日而歸"가 들어가 있다.

안을 두루 돌아보니 비로소 가슴이 탁 트이는 것을 느꼈다.

창의문을 지나 세검정을 찾았다. 시냇가 바위 위에 지어진 몇 칸 정자는 설계가 정교하고 깔끔했다. 바위 사이로 흐르는 개울물은 물살이 몹시 빨라서 폭포에 가깝고, 푸른 산이 환히 비쳐 책상 위에 쌓인 듯했다. 옛날에 한 장수가 전쟁에서 이긴 뒤 이 개울물에 칼을 씻은 일이 있어 임금님이 현판에 '세검정洗劍亭'이라고 쓰고, 노란 비단으로 둘렀다. 임금님의 글씨가 휘황하게 빛나니 오래도록 사라지지 않으리라. 그 옆 큰 바위에 '힐융詰戎'[63] 두 자를 새겼는데 비바람에 마모되고 깎여 글자를 알아보기 어려웠다. 탕춘대를 찾으니 산세가 몹시 험준하고 성채가 견고했다. 이는 바로 북한산의 관문으로 배치가 엄밀하고 계획이 원대해서 선왕이 후세를 위해 남긴 뜻을 우러러 짐작할 수 있었다.

실 같은 길을 따라 삼계동[64]으로 가니 이는 김상서의 별장이 있는 곳이다. 작은 서재가 수풀 사이로 희미하게 보이고 배치가 정결해서 상서가 쉬는 곳임을 알 수 있었다. 백석실에 올라가니 맑은 시내가 화원을 두르고 흰 돌로 다리가 놓여 있었다. 꽃잎이 눈처럼 떨어져 섬돌에 가득한데도 쓸지 않고 사립문이 낮에도 닫혀 있어 더욱 깊고 그윽하게 느껴졌다. 길을 돌아 산골짜기로 들어가니 계곡 옆에 수각水閣이 있는데 바위 위에 '천수도千樹桃' 세 자가 새겨져 있어 마치 유우석劉禹錫의 시의 현도관의 뜻을 보는 것 같았다.[65] 산이 높고 골짜기는 깊으며 향기 나는 채소가 정원에 가득하고 작은 폭포도 있고 온갖 새가 지저귀고 물은 바위 사이로 졸졸 흐르고 꽃과 풀은 무성하니 그 빼어난 경치를 따라 그리기도 어려울 것 같았다. 시 한 편을 읊조렸다.

    갖가지 꽃 피고 아침 기운 더하니 작은 누각이 환하고
    낮은 나막신 팔랑팔랑 날개 돋은 듯 가볍네.
    괴로운 심사 펼쳐내어 다 씻어내니
    온 산에 가득한 안개 끝이 없구나.

---

63 **힐융**詰戎 힐융치병詰戎治兵의 준말. 군사를 정비함을 뜻한다. 《서書》, 〈입정立政〉의 "其克詰爾戎兵"이란 구절에서 왔다.
64 **삼계동**三溪洞 지금의 종로구 부암동 일대. 대원군의 별장이었던 석파정이 있고 그 옆에 삼계동이라 새겨진 바위가 있다. 원래 김상서(김흥근金興根, 1796~1870)의 별장이었으나 대원군에게 빼앗겼다.
65 중국 당나라 헌종 때 관료이자 문인 유우석(772~842)은 정치개혁 실패로 변방으로 좌천되었다 10년 만에 장안에 돌아온다. 그사이 조정은 새로운 권세가들이 자리를 차지하고 있었다. 마침 유명한 도교 사원인 현도관玄都觀에는 전에 없던 복사꽃이 만개하였다. 이를 보고 유우석은 "현도관 안의 복숭아나무 일천 그루는 모두 유랑이 떠난 뒤에 심은 거라오"라는 시구를 지어 당시 상황을 빗대었다.

향기로운 난초를 발로 밟으며 손으로 맑은 냇물을 움켜쥐니 바람에 비단옷이 나부끼고 신선의 삽살개는 구름을 보고 짖어댔다. 산과 내는 본디 주인이 없고 바람과 달 또한 그 사이에 있는 것이니 오로지 노니는 사람이 취할 뿐이다. 향기로운 풀을 밟고 지나가며 기이한 경치를 두루 찾아보았다.

　다음날 동성 밖으로 나가 정자와 누대를 둘러보았다. 정릉 입구의 물과 바위도 웅장한 것이 많았다. 아래로 왕십리를 굽어보니 여염집이 즐비하고, 들판이 넓고 아득해 시골 마을처럼 느껴졌다. 시 한 편을 지었다.

봄비 봄바람 잠시도 쉬지 않아
봄 정취 어느덧 물소리 가운데 있구나.
눈을 들어 보며 어찌 내 땅이 아님을 따지랴
부평초 떠돌다 이르는 곳 모두 고향인 것을.

　숭례문을 나서 관왕묘[66]로 들어갔다. 문 앞에는 버들이 몇 줄기 금실을 늘어뜨리고, 마주한 남산은 푸른 소나무가 울창했다. 붉은 문과 그림 그려진 누각이 구름 사이로 환히 빛나고 푸른 기와가 덮여 있었다. 앞에는 문이 세 개 있었으나 좌우의 문만 열려 있었다.

문지기는 전립을 쓰고 짧은 채찍을 들고 잡인이 들어오는 것을 막고는 반드시 문세門稅를 받았다. 좌우에는 창을 세워두고 문 안에는 늠름한 모습의 주창[67]이 채찍을 들고 있고 적토마는 거만하게 서 있었다.

문 안에는 석가산[68]이 있고 그 옆에 비스듬히 누워 있는 노송 아래에는 돌로 만든 호랑이가 웅크리고 있었다. 조그마한 뒤뜰에는 두견화가 활짝 피어 있었다. 앞의 시왕전에는 여러 보살이 나란히 앉아 있고, 좌우 처마 밑 벽에는 삼국시대 전쟁할 때의 진陳을 그려놓았는데 남병산, 장판교, 화용도 같은 진의 형세가 눈에 뚜렷이 들어왔다. 비각에는 관왕의 사적을 찬양하는 영조의 글씨가 있었다. 정전은 웅장하고 아름다웠으나 앞문이 닫혀 있었다. 검은 두건에 작의[69]를 입은 당직자가 서둘러 앞으로 인도하여 협문으로 들어갔다. 옆에 한 도사가 단정하게 앉아 목에 백팔염주를 두르고 있는데 빙옥처럼 맑고 빼어나니 옥천산 보정선사

---

66 **관왕묘**關王廟 중국 삼국시대 촉한의 장수 관우關羽를 모시기 위해 세운 사당.
67 **주창**周倉 《삼국지연의》에 등장하는 장수로 관우의 부하.
68 **석가산**石假山 정원에 관상용으로 기괴한 돌을 쌓아 만든 산.
69 **작의**鵲衣 검은 바탕에 흰 실로 바둑판 모양이 줄을 넣은 소매 없는 옷. 검은 두건과 작의는 관서에 소속된 나장羅將의 복식.

의 조각 같았다.

　갑옷을 입고 투구를 쓴 장수들이 좌우에 늘어서 있고 붉은 우산 뒤에는 수놓은 휘장이 높이 걸려 있었다. 용상 앞으로 나아가 공손히 바라보니 관왕이 익선관을 쓰고 곤룡포를 입고 규옥으로 만든 홀를 잡고 앉아 있었다. 누에 눈썹, 봉의 눈에 은은한 눈빛, 눈썹 사이에는 뚜렷이 산악의 빼어난 기운을 띠었으며, 진한 대추빛 같은 얼굴, 세모꼴의 아름다운 수염이 늠름하여 눈서리 같은 위엄이 있었다. 아주 오래전부터 먼 훗날까지 충성과 용기로는 비길 데가 없고, 의리와 기상이 으뜸이어서 영령의 굳센 혼백이 우주를 지탱하고 있다. 우리나라가 사당을 세우고 제사를 모실 뿐 아니라 중국인들도 집집마다 사당을 세워 빌고 있으니 얼마나 훌륭한가. 술과 과일을 삼가 정성을 다해 바치려 하니 당직자가 큰 소리로 앞으로 나가서 올리라고 해서 두 손을 맞잡고 네 번 절하고 나왔다. 상 위에는 《춘추》 한 부가 놓여 있고 그 앞에는 큰 점통 하나가 있었다.

　아아, 관왕은 하늘을 떠받칠 만한 의기와 해를 꿰뚫을 만한 충성이 있었으나 불행히 오나라 적들에게 함락되어 그 분하고 원통하고 억울한 기운이 천지 사이에 맺혀 가끔 구름과 안개 가운데 많은 신병神兵을 이끌고 천하를 돌아다니다가 무릇 전쟁을 하는 곳이 있으면 의로운 자는 돕고 도적은 무너뜨린다. 그래서 천하 사람들이 크거나 작거나 간에 공경하며 제사 지내지 않음이 없다. 우리나라 임진왜란[70] 때도 관왕의 힘을 입었다. 관왕의 신령이 나타나 바람과 천둥으로 질타하며 먼지와 때를 모두 깨끗이 씻어냈다. 남쪽에서 일으키고 동쪽에서 끝낸 까닭에 성 동쪽과 남쪽에 각각 사당을 하나씩 세웠다. 남쪽의 상은 생시의 모습을 빚은 것이기 때문에 붉은색이고, 동쪽의 상은 죽은 뒤의 모습을 만들었기 때문에 누런색이다. 그 위치와 법도 같은 것은 모두 중국을 본떴다.

일찍이 패사稗史를 보니 이렇게 기록되어 있었다. 가경 신사년1821년[71]에 서양 도적의 난리가 일어났을 때 장군 임청林淸이 토벌하려 했으나 이기지 못했다. 적장이 팔괘로 진을 만들고 요술과 환술을 많이 써서 신병이 공중에서 내려오니 임청의 군대가 늘 패했다. 그런데 갑자기 구름과 안개 가운데 관의 깃발이 높이 걸려

---

70 원문은 용사지난龍蛇之難. 임진壬辰은 검은 용, 그 다음해인 계사癸巳는 검은 뱀을 뜻하므로 임진왜란을 용사지난이라고도 한다.
71 가경嘉慶은 청나라 인종 가경제의 연호(1796~1820년). 신사년은 1821년으로 가경 연간에 들지 않고 임청도 천리교를 이끌다 1813년에 죽고 서양 적을 물리친 바도 없으므로 모두 착각한 것으로 보인다.

있는 것이 보이자 적병이 모두 흩어지고 서양 도적의 이른바 신병이라는 것들이 땅에 분분히 떨어졌는데 모두 나뭇잎이었다. 마침내 서양 도적을 모두 섬멸하고 사학邪學을 더욱 금하고 그 무리를 오문[72] 밖에서 모두 베어 죽이니 피가 흘러 강을 이루었다고 한다. 숭녕[73] 시절에 송의 마귀를 소탕하여 황제를 높이고, 파양의 전쟁에서는 악마를 물리쳐 명조를 도왔기에[74] 계산에도 사당이 있다. 이는 모두 기록에 실려 있는 기이한 자취와 소문이다. 이곳에 오면 더욱 감탄하고 엄숙히 공경하게 된다.[75]

돌아온 자리, 이후 의주에서의 날들

———

경향京鄕을 유람한 뒤 스스로 두건과 옷을 돌아보니 갑자기 처연하게 느껴져 마음속으로 말하기를

'여자가 남자 옷을 입는 것이 예사로운 일이 아닌데 하물며 사람의 정이란 끝이 없는 것이다. 군자란 족함을 알아 능히 그칠 줄 알기에 절제하여 지나치지 않고, 소인은 감정을 가볍게 따라 바로 행하므로 정에 흘러 돌아가기를 잊는다. 내가 뛰어난 경치를 두루 감상

하였으니 오래전부터 품어왔던 소원을 이제 멈출 만하다. 다시 그 본분으로 돌아가서 여공女工[76]에 힘쓰는 것이 좋지 않겠는가?'하고 마침내 남자 옷을 벗으니 여전히 머리 올리지 않은 여자였다.

왕자진[77]의 피리가 선학仙鶴을 불러오고, 사마장경[78]의 거문고가 저절로 상서로운 봉황을 불러왔던 것처럼 규당 김학사[79]와 마침내 소실의 인연을 맺어 어느덧 몇 년이 흘렀다. 학사가 임금님의 은혜로 의주부윤에 임명되니 이때는 을사년1845년 초봄이었다. 학사가 부임지로 출발할 즈음 나는 독교를 타고 먼저 길을 떠났다. 주렴을 사방에 드리우고 모화현무악재을 넘어 송도

72 **오문**午門 성곽의 남쪽 문.
73 **숭녕**崇寧 북송 휘종의 연호. 1102~1106년.
74 **파양**鄱陽은 지명. 오늘날 중국의 요주饒州. 파양의 싸움에서 명 태조가 탄 배가 여물목에 붙었는데 관왕이 신이함으로 바람을 돌려 적의 전함을 불태웠다는 고사이다. 이익,《성호사설》권9,〈관왕묘〉참조.
75 이대본《금원집》에는 "일찍이 패사를 보니~공경하게 된다" 부분을 삭제하고, "이 이하는 보정선사의 역사 기록에 있는 것으로 삭제한다"고 이유를 제시하고 있다.
76 **여공**女功 길쌈과 바느질과 같이 여자에게 주어진 일.
77 **왕자진**王子晉 중국 주나라 영왕의 태자. 피리를 잘 불었으며 뒤에 신선이 되었다는 전설이 있다.
78 **사마장경**司馬長卿 사마상여司馬相如. 중국 한나라 사람으로 문장이 뛰어났다.
79 **김덕희**金德喜 1800~1853 경주 김씨 세도가 태생으로 진사시에 합격하여 규당 학사와 참봉을 지냈고, 과거를 거치지 않고 문음으로 의주부윤에 부임하였다.

에 도착해서 숭악의 석양, 만월대의 저녁 구름을 보니 슬프고 처량했다. 선죽교의 유적에는 아직도 선명한 핏자국이 남아 있어 천고의 열사들이 눈물을 흘릴 만했다.

청석관을 지나니 긴 골짜기가 십 리나 이어지고 산세가 높고 험했다. 과연 하늘이 내린 험한 땅이다. 병자년1636년 청나라 장수가 이곳에 이르러 의심하고 두려워하며 앞 군대를 끊어버리려고 했는데 만약 당시에 몇백 명이라도 이곳을 지키고 막았다면 청나라 군대가 감히 넘어오지 못했을 것이다. 우리가 지금까지도 이를 한스러워함은 당연한 일이다. 총수령을 지났다. 바위 위에 주지번이 쓴 큰 글씨가 있다고 들었으나[80] 가마 안에서는 볼 수 없었다.

황주를 지나 멀리 월파루를 바라보니 아득히 시냇가에 있는데 마치 그림 속을 지나가며 보는 것 같았다. 평양의 장림에 도착해서 길을 끼고 대동강에 이르러 멀리 바라보니 누대와 분첩[81]이 거울 속에 있는 것 같았다. 강을 건너 대동문으로 들어가 동북쪽으로 백여 걸음쯤 가니 연광정이 나왔다. 앞으로 긴 강이 흐르고 있는데 고개 숙여 침을 뱉을 수도 있었다. 강 언덕의 모래는 비단처럼 흰데 강물과 함께 길게 이어지고,

푸른 나무그늘 일대는 가로로 십 리나 뻗어 있었다.

　들판과 푸른 밭두둑은 한눈에 툭 트여 있고, 산봉우리는 낮게 엎드려 있고, 시내와 언덕은 맑고 아름다웠다. "긴 성 한 쪽으로 물이 넘실대며 흐르고, 넓은 벌 동쪽 머리에는 점점이 산이로다"[82]라는 시구가 좌우 기둥에 붙어 있었는데 이 정자의 진면목을 다 표현한 글이었다. 능라도는 물 가운데 있는데 마치 능라비단를 펼쳐놓은 것 같았다. 동쪽을 바라보니 부벽루가 모란정 아래에 있는데 지형이 조금 높았다. 그 서쪽에 영명사가 있는데, 거기 있는 누대는 득월루라 한다. 물 가까이 있는 누대가 먼저 달을 얻는다는 뜻으로 지은 것이다.

　성안은 시장이 번화하고 마을에는 집들이 빽빽이 들어차 있었다. 한 조각 빈 땅도 없어서 땔감이며 간장이며 소금을 모두 옥상에 쌓아두고 있었다. 푸른 창과 붉은 문으로 맑은 생황 소리와 흐느끼는 듯한 피리소리

80　원문의 총수산葱秀山은 황해도 평산平山 북쪽에 있는 산. 옛날에 서북 지역으로 가려면 거쳐야 하는 이곳에서 많은 사람들이 시를 남겼다. 중국 명나라 사신 주지번朱之蕃(?~1624)도 옥류천이라는 글씨를 남겼다.
81　**분첩**粉堞 석회를 바른 성 위의 낮은 담장.
82　고려 때의 문인 김황원金黃元(1045~1117)이 남긴 미완의 시. 평양 부벽루에 올라 그곳에 걸려 있는 시들이 신통치 못하다고 다 태우고 자신이 시를 지어 걸기로 했으나 해질 무렵 위 두 구만 얻고 나머지는 짓지 못해 울며 내려왔다는 일화가 전한다.

가 들리니 모두 창가娼家 교방이었다. 강가에서는 솜을 씻고 빠는 소리, 도르래로 물 긷는 소리가 종일 그치지 않았다. 실로 이름난 곳, 아름다운 땅으로 단군과 기자의 천년 옛 도읍지라 하기에 마땅했다. 외성外城에는 아직도 정전井田의 자취와 기자묘가 남아 있다고 한다.

보통문을 나와 안주에 도착하니 또한 큰 고을이었다. 백상루에 올라 묘향산을 바라보니 동북을 가로지르고 있는데 그 기세가 웅장했다. 본래 서쪽 지방의 명산으로 일컬어지는데 기이하고 빼어난 바위가 조금도 거칠거나 험하지 않았다. 겹겹이 에워싸인 골짜기에 단군굴과 금선대가 있고 경관이 빼어난 곳이 많다고 한다. 다만 정신이 상쾌하고 가슴이 뛸 뿐이었다. 북쪽에 청천강 줄기가 흐르는데 강물로 청북과 청남의 경계가 나뉘니 실로 서관西關의 중요한 땅이다. 본부(안주)의 노래 잘하는 기생으로 청남월과 강남월이 있는데 소리와 연주가 또한 한번 들을 만했다.

가산에 이르러 효성령을 넘었다. 산세가 험악하고 돌은 모두 검은색으로 거친 기운이 있었다. 홍경래의 난[83]이 일어났던 곳이다. 정주를 거쳐 서장대를 바라보니 이는 바로 임신년1812년에 난을 겪은 곳으로 당시의 어지러운 광경을 눈으로 보는 것 같았다.

소곶관에 도착했다. 이곳은 의주 경계의 첫 역참으로 신관과 구관이 교대[84]하는 곳이다. 관부의 향장, 아전과 노비, 기녀들이 모두 와서 기다리고 있었다. 다음날 장상관이 위세를 크게 펼쳐 보였는데 깃발과 창검, 군장과 복색이 서울 군대보다 못하지 않았다. 의주부의 기녀들이 전립을 쓰고 짧은 소매의 긴 옷을 갖추어 입고 은으로 장식한 안마를 올린 준마를 타고 쌍쌍이 짝을 지어 앞에서 인도했다. 머리 장식이나 패물, 녹색 저고리에 붉은 치마가 몹시 화려했는데, 뿔피리 소리에 맞춰 동시에 말에 오른 뒤 군령을 기다렸다. 의주부는 본래 국경의 중요한 땅으로 기녀도 모두 말 타기와 칼 쓰기를 익히는데 매번 신관이 부임할 때면 극히 화려하게 준비하기 때문에 보는 사람이 자기도 모르게 눈이 어리고 정신이 멍해진다. 앞에서 배행하는 나졸의 선명한 옷 색깔이 삼십 리나 이어지니 그 위세가 보통 수령과 비할 바가 아니었다.

부임한 뒤에는 연식재에서 지냈다. 이는 곧 내아內衙로 방에 두는 세간은 모두 중국 것을 썼는데 몹시

---

83 **홍경래의 난** 신미년(순조 11년, 1811년) 홍경래, 우군칙 등이 중심이 되어 일으킨 농민 반란.
84 원문의 교구交龜는 조선시대 지방 관원이 교대할 때 관인官印을 교환하는 것을 이른다. 관인이 거북처럼 생겨서 교구라 했다.

화려했다. 의주부는 두 나라의 경계에 있고 서문의 빗장으로 물건이 많고 땅이 크며 재화가 풍부해서 청탁이 매우 많다. 관부의 명령 같은 것은 내아에서 간섭할 바가 아니지만 혹시라도 스스로 경계하고 조심하지 않아서 한번이라도 부탁을 들어주면 추문으로 누를 끼치게 되니 유념하지 않을 수 없다. 그런 까닭에 노비들을 엄하게 단속하여 외부 사람들과 만나지 못하게 했다. 또 내아의 노비가 각 창고의 물건들을 함부로 들이는 것은 잘못된 전례로 고질적인 폐단이었다. 각 창고의 해당 관리를 내아 삼문 밖에 불러 엄하게 경계하여 비록 사소한 물건이라도 첩지帖紙가 없으면 감히 함부로 들여오지 못하게 하니 관아 안이 깨끗해졌다. 망신루望宸樓에 올라 시 한 수를 얻었다.

> 용성의 화각 소리 봄을 이기지 못하고
> 강가의 버들과 꽃은 날로 새로운 빛을 띠네.
> 낮은 고요하고 관가는 한가하니 뜰에 저절로 풀이 돋아나고
> 밤 깊어 달 이르니 자리엔 먼지 하나 없네.
> 가벼운 소매 고운 버선의 투호하는 기생
> 금띠에 산호 갓끈 드리우고 칼을 어루만지는 손님

붉은 비 내리는 연산 천리 길
사신의 수레는 동쪽으로 건너와 임금님 은혜 받는구나.

백령조는 중국에서 온 것인데 크기가 메추라기만 하다. 대나무 새장 속에 세워둔 장대 위에 앉아 중국인이 수레를 달리는 소리를 내고 또 날짐승, 들짐승의 소리도 다 냈다. 하지 전에는 잘 우는데 하지가 지나면 그렇게 하지 못한다고 한다. 앵무새는 크기가 까치만 하다. 쇠로 새장 틀을 만들고 그 가운데 쇠다리를 설치했다. 털의 색깔이 영롱한데 이 두 가지 새는 모두 본래 남방에서 나는 것이라고 한다.

겨울이면 봉황성[85]에서 사과를 사 왔는데 맛이 상큼하고 변하지 않았다. 포도 같은 것들도 모두 겨울이 지나도 색깔이나 맛이 변하지 않으니 참으로 신기했다. 배 맛도 우리나라 봉산에서 나는 것보다 훨씬 맛있는데 삼사월에 책문에서 사 왔다. 무와 배추는 우리나라 것보다 큰데 배추는 서너 배가 크고, 무는 색은 청강석[86] 같고, 연하기는 배와 같았다.

통군정에 올라가 개시[87]를 보려 하니 불빛이 몇 백

---

85 **봉황성**鳳凰城 중국 요녕에 있는 봉천성의 다른 이름.

리나 이어지고 갑옷 입은 군사가 압록강 건너편을 지키고 있었다. 진鎭이 무릇 사십 개나 되었다. 매해 봄가을에 개시를 하는데 의주부에서 명령이 내려오고 이 통군정에서 횃불을 들면 갑옷 입은 군사들이 일제히 횃불을 들고 좌우에 늘어서 있다가 뿔피리 소리가 나면 서로 전투하는 모양을 한다고 했다.

저녁 어스름이 되자 비단 초롱불을 나란히 세우고 악공을 이끌고 정자로 올라갔다. 정자는 성 북쪽 암벽 위에 있는데 높이 우뚝 솟아 세 강을 누르듯 서 있으니 그곳의 모든 산이 앞에서 손을 모으고 조아리는 것 같았다. 산과 내가 툭 트여 있고 시원스레 넓어서 서주의 으뜸가는 유명한 정자라 할 만했다. 휘장을 두르고 푸르고 붉은 비단 등롱을 나란히 건 뒤 들보 위에 큰 줄을 걸쳐놓고 양의 뿔로 된 등과 유리 등을 두루 걸어놓았다. 좌우에는 푸르고 붉은 좌식 비단 등롱을 나란히 두어 누각의 아래위가 대낮같이 밝고 환했으며 수놓은 비단 병풍과 몽골 양탄자가 화려하게 펼쳐져 있었다. 그 둘레가 사십 칸은 되는 것 같았다. 마루 한가운데에 양탄자가 한 장 깔려 있는데 바느질한 틈 하나 없이 이어져 있는 것이 다른 도의 관아에서는 마련할 수 없는 것이었다.

붉은 기와와 푸른 기둥이 허공에 솟아 있고 옥 난간과 붉은 모서리가 구름 위에서 빛났으며, 그 그림자가 압록강에 휘황찬란하게 비쳤다. 구련성의 저녁 구름이 구봉성에 연이어 있고 연계燕薊의 산과 내는 시력이 다하는 곳에 안개 낀 숲처럼 희미했다. 사람들이 모두 이 또한 '계문연수薊門烟樹, 계문의 안개 낀 숲'라 한다.

　무릇 계문연수란 연경 팔경의 하나이다. 요동 팔백 리가 끝없이 넓고 아득한데 멀리 바라보면 나무는 안개나 물 같고, 빈 그림자 속에 마을이 흔들리고, 오가는 말과 소가 완전히 뒤집힌 채 걸어가고, 짧은 나무가 길어 보이고 낮은 집은 높아 보여서 그 황홀함을 짐작할 수 없다. 그러나 거기에 가보면 적막할 뿐 아무것도 보이지 않는다. 들판이 넓고 지형이 낮은 까닭에 공기가 끓어올라 은빛 바다 옥빛 강이 눈앞에 어리고 벼랑이 흐르고 나무가 움직이는 듯해서 그런 것이다. 계주만 그런 것이 아니라 요동 팔백 리가 계문연수 아님이 없다. 내가 연경 팔경이 어찌 몇 백 리 요동과 계문 사이에 있을까 늘 의심했는데 《연사燕史》[88]를 보고 나

86　**청강석**靑鋼石　단단하고 빛깔이 푸른 옥돌인 청강석靑剛石을 가리키는 듯하다.
87　**개시**開市　조선시대 중국, 일본 등과의 교역을 위하여 변방에 설치했던 대외무역 시장.

서야 비로소 그것이 틀렸음을 알게 되었다. 연경의 서쪽 성 덕승문德勝門 밖으로 칠, 팔 리 되는 곳에 계구薊丘라 하는 흙 언덕이 있는데 너른 들판 가운데 우뚝 높이 솟아 있어 툭 트여 걸리는 게 없고 안개 낀 나무 천 그루가 빽빽하게 끝없이 늘어서 있다. 옛날에는 성문이 있어서 계금문薊金門이라 했다. 그때 비로소 계문비우薊門飛雨, 계문의 흩날리는 비라 하고 연경 팔경 중의 하나로 넣었는데 명나라 때 비우飛雨를 연수烟樹로 바꾸고 건륭제가 계문연수 네 글자를 써서 비에 새겨 세우게 했다.

우리나라 사람들이 계문이 여기 있는 줄 모르고 계주를 지나게 되면 반드시 안개 낀 숲의 광경을 한껏 칭찬하며 "연기도 아니고 안개도 아니며, 흰 것도 같고 푸른 것도 같은 것이 늘 나무뿌리를 감돌고, 환한 것은 강의 빛, 호수의 색"이라고 한 것이 모두 이것이다.[89] 대개 계주는 옛날의 어양漁陽으로 수 문제 때 이름을 바꾸어 계주라고 했으나 계주의 이름이 처음에는 혼용되었다. 우리나라 사람들도 따라서 그렇게 부르는 바람에 사신의 수레가 연경을 오간 지 오백여 년이고, 역관들 같은 경우는 수십 차례 왕래하여 평생 그 땅을 밟는데도 연수를 아는 사람이 있다는 것을 듣지 못했으니 도리어 한심한 일이다.

현악기와 관악기를 번갈아 연주하니 구름 사이로 신선의 음악이 들려오는가 싶고, 기녀들의 노랫소리가 청량하여 가던 구름을 멈추게 하고 들보의 먼지를 날리게 할 정도였다. 둘이 마주하여 너울너울 춤을 추니 가녀린 버들 허리가 날아오르는 제비 날개 같았다. 관서의 풍경과 춤과 노래 또한 이름을 떨칠 만하였다. 얼마 있다가 대포를 쏘고 뿔피리를 부니 좌우에서 횃불을 켜고, 강변의 각 둔屯에서도 일시에 횃불을 켜고 좌우로 진을 에워쌌다. 별들이 다 모여들고, 푸른 하늘의 붉은 복숭아가 푸른 강으로 흩어져 떨어지는 듯 화려했다. 관루의 북과 피리 소리가 푸른 하늘을 꿰뚫어 올라가니 구름 밖의 난새와 봉새가 황홀하여 번갈아 우는 것 같고 물속의 고기와 용도 그 소리에 응하여 나오는 것 같았다. 시 한 수를 지었다.

> 변방의 경치로는 이 누대가 최고라
> 마이산은 푸른빛 뻗어내려 압록강을 누르고
> 여섯 섬은 별처럼 늘어서 땅 끝 포구와 통하고
> 바둑알처럼 놓인 산들은 서주를 감싸 안았네.

88 《**연사**燕史》 명나라 곽조경郭造卿이 지은 책.
89 연암 박지원 《열하일기》, 〈일신수필〉에 관련 구절이 나온다.

백사장의 고목은 황량한 성가퀴에 들어 있고
짙은 안개 차가운 구름 사막의 가을이라.
난간에 기대어 있노라니 봉화 끝나고
강 가득 변방 수비하는 불빛은 태평할 계책이네.

조금 있으니 동쪽 고개로 달이 떠올랐다. 밤이 이미 깊어와 관아로 돌아왔다.

기녀가 말을 달리는 것을 보기 위해 백일원百一院에 갔다. 백일원은 압록강 동쪽에 있는데 평야가 드넓어 말을 타고 달리며 허수아비를 향해 활을 쏘는 구릉이 백 걸음도 더 되었다. 기녀들이 모두 군복을 입고 화장하여 한껏 꾸미고서 대오를 이루고 서 있고, 안장을 얹은 말들은 크고 건장하며 장식이 호사스러웠다. 피리 소리가 한 번 나고 북이 세 번 울리자 차례대로 말을 타고 스스로 고삐를 잡고 나는 듯이 내달려 구릉으로 내달리는데 한 사람도 실수하는 사람이 없었다. 그 가운데 경혜라는 기생이 손에 쌍검을 들고 춤을 추는데 빠르기가 날아가는 제비 같았다. 참으로 기이한 구경거리였으니 이곳은 서도西道의 중요한 진으로서 위씨衛氏, 고씨高氏, 왕씨王氏 이래로 그 풍속이 본래 활쏘기와 말타기를 숭상하기 때문이다. 시를 한 수 지었다.

사람도 꾸미고 말도 장식하여 모두 빛난데
누각 머리에 서 있으니 대오마다 붉은빛.
북 소리 세 번 울리자 나는 듯 달려가니
향기로운 먼지는 꽃들에 이는 바람에도 아무 탈이 없구나.

벗들과 삼호정에서 시를 짓다

 의주부윤의 임기가 끝난 뒤 짐을 싸서 서울로 돌아왔다. 가족과 친인척이 기쁘게 맞아주어 회포를 풀고 대략 중국 비단 옷감들로 각각 친목의 정을 표했다. 학사가 벼슬길을 물리치고 강가의 정자에 돌아와 누우니 나도 녹거를 타고 따라왔다.
 이곳은 용산의 삼호정이다. 향기로운 풀은 자리를 깐 것 같고 온갖 꽃이 만발하며 누대는 특별히 강가의 수풀 가운데 솟아 있다. 연못에는 연꽃잎이 가득하고 돌샘은 섬돌을 끼고 흐른다. 앞에는 긴 강이 띠처럼 흐르고 뒤에는 푸른 언덕이 있다. 낚시터의 어부들은 졸고 있는 흰 갈매기를 벗 삼아 한가로이 앉아 있고 피리 부는 목동은 소 등에 비껴 앉아 노래에 화답한다. 천

천히 율시 한 수를 읊조렸다.

서호의 빼어난 경치 이 누대에 있어
마음 가는 대로 올라가 즐거이 노니누나
강가의 비단 물결 봄풀과 어울리고
강 한 줄기 황금빛 푸른빛으로 석양에 흘러가네.
구름 드리운 작은 마을엔 외로운 돛단배 은은하고
꽃 지는 한가로운 낚시터 멀리 피리소리 구슬프다.
끝없는 바람과 안개 모두 걷히고 나니
금주머니 열린 듯 햇빛이 난간머리에 그림을 그리네.

이어서 두 수를 읊었다.

꽃기운 무르녹고 버들은 실처럼 늘어져
봄바람이 봄날의 자태 그려 놓은 듯
나그네[90]는 이즈음 강호에 노니는 꿈 꾸었으리
기러기는 멀리 푸른 하늘 날아가고 돛단배 하나 느리게 떠가네.

맑은 달빛 봄버들을 어지러이 비추고
저녁놀은 새벽까지 꽃에 남아 있네

모래사장의 갈매기는 한가로워 일어날 줄 모르고
향기로운 풀엔 피리소리 남아 있네.

　용산은 서울 서쪽 십리에 있는데 한강의 하류이다. 세상에서는 우리나라 산천 가운데 한강이 가장 좋다고 하나 한강 상하류 중 번화하고 아름다운 곳으로는 용호龍湖가 으뜸이다. 이 정자는 강가에 있다. 물결이 넘실대며 흐르다가 노량진과 양화진을 빠르게 지나 바다를 향해 서쪽으로 흐르고, 남쪽을 바라보면 관악의 여러 봉우리들이 둘러싸고 절을 하고 있는 것이 마치 서로를 부르는 것 같고, 물가의 흰 모래사장은 옥을 씻어놓은 듯 깨끗하다. 높은 누각과 층층이 쌓인 정자가 담장을 잇대어 늘어서 있고, 돛을 올린 조공 배와 장삿배가 줄줄이 이어지고, 말과 소가 오가고 오리와 해오라기가 물에 잠겼다 나왔다 한다. 한번 눈을 들어 보면 모두 책상 위에 있는 것 같으니, 마땅히 교외의 명승지라 할 만하고 이 정자 또한 정자들 가운데 으뜸이라 할 만하다. 높은 관리와 이름난 인물들이 정자를 지어 아름다운 경치를 많이 점하고 있으나 강호와 조정

90 　원문 연파烟波는 연파조도烟波釣徒에서 온 말. 강호에 머물며 낚시나 하는 무리라는 뜻.

을 다 가질 수 없으니 왕왕 거지와 일 없는 사람, 시인들이나 노닐며 감상할 뿐이다.

송나라 사람의 시에 "일찍이 숲에서 한 사람이라도 본 적이 있는가"[91]라고 했으니 관직을 그만두고 물러나 사는 것이 예로부터 어렵다. 학사는 관복을 벗고 덩굴로 만든 옷[92]으로 바꿔 입고 정원의 대나무를 잘라 낚싯대를 다듬었다. 벼슬과 봉급을 신발 벗어던지듯 하고, 부귀를 뜬 구름처럼 여기니 호탕하고 넓은 마음을 이 얕은 소견으로 어찌 엿보아 헤아릴 수 있으며 고상한 풍격과 빼어난 운치를 누군들 가리키며 탄복하지 않겠는가. 나도 강호를 무척 사랑하여 산림에 뜻을 두고 남녀종들에게 짧은 베옷을 입고 물을 긷고 땔나무를 지고 정원을 가꾸고 채소를 심게 하였다. 헐뜯음과 칭찬을 듣지 않으니 있는 곳도 마음도 한가하여 초연함이 마치 속기를 떨치고 맑은 이슬을 마시는 것 같았다. 정자 아래 노 젓는 소리도 흥취를 돋우어 시 한 수를 읊었다.

뱃노래 소리에 쪽배 저어 가니
해질 녘 구름과 노을 멀리 흐르네.
이내 낀 물결 한 빛으로 삼십 리나 이어지고

강가의 늘어진 버들마다 모두 이름난 정자구나.

때때로 시를 읊조리곤 했는데 어울려 시를 주고받은 자가 네 사람이었다. 한 사람은 운초[93]라고 하는데 성천 사람이다. 연천 김상서의 소실로 빛나는 재주를 따라갈 수 없고 시로 크게 유명한데 자주 찾아와 며칠씩 머물기도 한다. 한 사람은 경산[94]이라 하는데 문화 사람이다. 화사 이상서의 소실로 다문박식하며 시를 짓는 데 뛰어나다. 마침 이웃에 살아 서로 왕래하고 있다. 한 사람은 죽서[95]라고 하는데 같은 고향 사람이다. 송호 서태수의 소실로 재기가 있고 지혜로워 하나를 들으

---

91 당나라의 승려 시인인 영철靈徹이 쓴 시의 한 구절. 관리인 위단韋丹과 친했는데 위단이 세속을 떠나 은거하겠다고 하는 시를 보내자 그렇게 말하는 사람은 많지만 본 적은 없다는 뜻으로 쓴 답시에 나오는 구절.
92 원문의 나의蘿衣는 덩굴풀을 엮어 만든 옷으로 은자나 처사들이 입는 옷을 가리킨다.
93 김운초金雲楚, ?~? 본명은 부용, 운초는 호. 성천의 양반가 태생이나 가난하여 기생이 되었다. 가무와 시문에 뛰어나 이름을 알렸고 안동 김씨 세도가인 연천淵泉 김이양金履陽(1755~1845)의 소실이 되었다. 시문집으로《운초당시고雲楚堂詩稿》가 있다.
94 김경산金瓊山, ?~? 양반가 태생이나 부모를 일찍 여의고 기생이 되었다고 추정된다. 헌종 때 경기도 관찰사를 지낸 화사 이정신의 소실이 되었다.
95 박죽서朴竹西, ?~1851 선비 박종언의 서녀로 송호 서기보徐箕輔의 소실이 되었다. 병으로 일찍 세상을 떴으며 애상적인 작품이 많다.《죽서시집竹西詩集》이 전한다.

면 열을 알아듣는다. 문장으로는 한유와 소동파를 흠모하며 시 또한 기이하면서도 고전적이다. 한 사람은 바로 내 아우 경춘이다. 주천 홍태수의 소실로 총명하고 단아하며 경전과 역사서를 두루 알며 시와 문장도 다른 사람들에게 지지 않는다. 서로 어울려 노니니 비단 같은 문장이 상에 가득하고 주옥같은 시구가 서가를 채웠다. 때때로 소리 내어 읊조리면 금을 던지고 옥을 부수는 듯 낭랑했다. 사계절 내내 풍월을 즐기니 한가할 틈이 없고 강의 꽃과 새도 시름을 풀 만하다. 읊조려 네 수를 지었다.

봄이라 서로 만나 고운 빛 아쉬워하는데
버들잎 갓 올라와 예스런 뺨 살이 올랐네.
시구 찾으며 꽃 보는 복 한껏 즐기니
누가 선녀를 보내어 함께 베틀 일 쉬게 했나.

봄바람 다 보내도 나그네는 돌아오지 않고
봄 내내 병이 많아 더욱 한가로워라.
술 마시며 함께 장외의 명성 약속하나
뜬구름 인생 꿈꾸었다 깨는 것임을 환히 깨닫네

안개 낀 물결 넓고 넓은데 갈매기 하늘을 날고
난간에 비스듬히 기대 밤에도 잠 못 이루네
강 건너에서 이따금 사람들 말소리 들리고
달 밝은 남쪽 포구에는 돌아가는 배

장막 열치니 하늘은 모두 물빛이고
봄바람은 열두 굽이 난간 앞으로 불어오네
강 너머 복사꽃 오얏꽃 강버들과 이어져
흐릿한 안개 속에 잠기니 오직 안개 빛뿐.

다섯 사람은 서로 마음을 알아주는 벗이고 또 아름다운 곳을 차지하고 있어 꽃이 피고 새가 울거나 구름과 안개가 끼거나 비바람 섞어 치고 눈 내리거나 달 뜨거나 아름답지 않은 적이 없고, 즐겁지 않은 날이 없다. 함께 거문고를 타고 음악을 들으며 맑은 흥을 즐기고, 이야기하고 웃는 사이에 천기天機가 저절로 움직여 나타난 것을 시로 쓰면 맑은 것도 있고 우아한 것도 있고 굳센 것, 예스런 것, 담백하고 질탕한 것, 강개한 것도 있다. 비록 그 우열은 알지 못하지만 성정을 도야하고 한가롭게 노닌다는 점에서는 모두가 똑같다. 오직 나의 아우 경춘은 특별히 형제의 정과 벗의 우의를 겸

한 데다 하물며 세상을 초월한 탈속한 자태와 무리들 가운데 뛰어난 재주가 있으니 말할 것도 없다. 물과 달을 정신으로, 옥과 눈을 피부로 삼았으니 예로부터 지금까지 짝이 될 만한 사람을 찾기 어려운데 아깝게도 규방의 여자로 태어나 세상에 쓰일 데가 없다. 자매가 마주할 때마다 마음을 털어놓고, 시를 보면 읊조리기를 잊고, 함께 문장을 논하면 강물을 거꾸로 쏟아내듯 도도하여 그치지 않는다. 때때로 마음이 맞아 무릎을 쳤으며 책을 읽으면 꾀꼬리가 봄 나무에서 우는 듯 쟁쟁하고, 봉새가 높은 언덕에서 우는 듯 화락하여 남들이 알지 못하는 즐거움이라고 우리 스스로 일컫곤 한다.

평생의 맑은 놀이를 돌이켜 생각하니 산수 사이에 발자취를 남기며, 기이하고 아름다운 경치를 찾아 아름다운 곳을 두루 다녔다. 남자도 하기 어려운 일을 할 수 있었으니 분수에 족하고 소원도 이룬 것이다.

슬프다. 천하 강산의 큼이여! 한 모퉁이 좁은 나라는 큰 볼거리가 되기에 부족하구나. 고금 세월의 장구함이여! 백년의 덧없는 인생은 유쾌하게 즐기기에는 부족하구나. 비록 그러하나 한 끝을 들어 그것으로 미루어보면 천하가 모두 이 강산 같고, 백년으로 보면 고금이 모두 이같은 시대다. 그렇다면 강산의 크고 작음과 일월의 멀고 가까움을 또 어찌 족히 논하겠는가. 그러나 지난 일과 거쳐온 곳이 눈 깜짝하는 순간의 꿈일 뿐이니 문장으로 써서 전하지 않는다면 누가 오늘날 금원이 있었음을 알겠는가. 무릇 베개에 기대 눈을 감으면 정신과 혼이 서로 만나 텅 비고 어두운 곳에서 느낌을 따라 변화하는 것이 한밤의 꿈이다. 변화가 서로 이어져 천지 사이에서 눈 깜짝할 사이에 평생의 일이 함께 허무로 돌아가는 것이 평생의 꿈이다. 그러므로 황량의 잠이 평생의 큰 꿈을 일깨웠고,[96] 화서에서의 노닒이 지극한 도가 무위라는 것을 깨우쳐주었다.[97] 무릇 이와 같다면 평생의 꿈이 하룻밤의 꿈과 무엇이 다르리오. 아아, 하루로 보면 하루의 꿈이요, 일 년으로 보면 일 년 또한 꿈이요, 백 년, 천 년, 예로부터 지금까지 꿈 아닌 것이 없다. 나 또한 꿈속의 사람이라 꿈속의 일을 기록하려는 것이 어찌 꿈속의 꿈이 아니랴.

---

96 당나라의 심기제沈旣濟의 〈침중기〉에 '노생이란 사람이 조나라의 서울인 한단의 주막에서 잠깐 잠이 들어 꿈속에서 온갖 부귀영화를 누리며 80세까지 살았는데 깨어 보니 주막 주인이 짓던 조밥이 채 익지도 않았다'는 데서 왔다. 인생이 한바탕 꿈과 같다는 뜻.
97 화서는 중국 고대의 황제가 낮잠을 자면서 보았다는 나라. 백성을 위해 온 힘을 다했으나 뜻대로 되지 않자 물러나 삼개월간 정사를 돌보지 않던 중 낮잠을 자다가 화서씨의 나라에 놀러가서 이상적인 나라의 모습을 보고 도의 극치는 노력해서 얻는 것이 아님을 깨달았다. 《열자》 〈황제〉에 나온다.

마침내 한번 웃고 붓을 들어 유람한 전말을 간략히 기록하니 이른바 백분의 일 정도이고 시로 읊은 것은 흩어져 없어져 모으지 못해 또한 대략 써서 한가할 때 와유臥遊할 거리로 삼는다. 그 유람한 바가 호중湖中 네 군부터 돌아서 관동, 금강산과 팔경에 갔다가 또 서울에 이르고, 마지막에는 관서 용만의주부까지 갔다가 다시 서울로 돌아왔기 때문에 이름을 '호동서락기'라 한다.

경술년1850년 삼월 상순에 금원이 쓰다.

정訂
아우 경춘

 글이란 마음이 드러난 것이다. 그러므로 글을 보면 그 사람을 알 수 있다. 이는 나의 언니의 글이다. 나의 언니를 아는 사람으로는 나만한 사람이 없다. 나의 언니는 타고난 재주가 뛰어나고 뜻과 기상이 호방하며, 천륜을 지키기에 힘써 집에서는 효성과 우애가 있었다. 나를 자신을 알아주는 형제로 여겨주어 내가 비록 똑똑치 못하나 마음으로 기뻐하며 성심껏 따를 줄은 알았다. 언니의 내면에 쌓인 것에 대해서는 이 좁은 식견으로 일부밖에 보지 못했다고[98] 생각한다.

 언니는 난새 같은 재주, 봉새 같은 자질이 우뚝하게 뛰어나고, 정신은 세상 밖에 노닐며, 악와의 준마[99] 같이 늠름하여 속세를 벗어난 풍모가 있다. 어쩌다가 여자로 태어나 구슬을 지니고 옥을 품고도 쓰이는 바가

---

98 원문의 일반지규一斑之窺는 대통 구멍으로 호랑이 무늬를 전부 다 보지 못하고 한 점 무늬만 본다는 뜻으로 식견이 좁음을 말한다.
99 악와渥洼는 중국 감숙성에 있는 물 이름. 한무제 때 이곳에서 천마天馬가 나서 바치자 무제가 천마 노래를 지었다는 고사가 전한다.

없어서 시문과 서화로 일을 삼고 산수와 풍월과 연기와 구름과 꽃과 새로 집을 삼아 그 안에서 날마다 한가로이 시를 읊조리며 가슴속의 불만스럽고 무료한 기분을 씻어냈다. 그러나 오히려 온화하고 부드러워 단정하고 고귀한 기상이 있다. 매이지 않되 넘치지 않고, 즐기되 거친 데로 빠지지 않았다.

지혜로운 마음으로 느낀 바를 표현하면 시문이 되었다. 애써 사색하지 않아도 입에서 나오면 그대로 문장이 되니 종횡으로 써내려가면서 다듬고 꾸미지 않았으나 저절로 규범에 맞았다. 그 반듯한 배치와 굽이치는 변화와 겹겹이 숨김은 문장의 변화를 지극하게 보여준다. 문장이 짧지만 뜻이 유장하고, 기운이 두텁고 맛이 깊다. 넓고 활달한 기상과 빼어난 풍류는 문장을 생각하느라 머리를 박은 채 붓끝을 썩히며[100] 먹을 빠는 자들이 따라갈 수 없는 것이다. 시 또한 원만하면서도 찬란하여 구슬이 쟁반 위를 달리는 것 같고, 온갖 꽃이 다투어 피는 것 같아 사람의 눈길을 빼앗는다.

이 책은 강산을 유람한 자취를 기록한 것이다. 글의 첫머리인 "강산은 크고, 세월은 오래되었다"라고 한 두 구절은 이 글 한 편의 머리이니 역량이 웅대하고, "같지 않음不同"이라는 두 글자는 또 이 글 한 편의 뼈대骨緊이니 생각이 멀리까지 뻗어 있다. "사물의 같지 않음"은 위의 "세월은 오래되었다"는 구절을 이어받고, "산수의 같지 않음"은 위의 "강산은 크다"는 구절을 이어받고 있으니 모두 유람의 발단이다. 산은 하나이면서 만 좌座이고, 물은 만 줄기이면서 하나이니 이는 곧 하나에 근본을 두면서 만 가지로 달라지고, 만 가지 다른 것이 하나가 된다는 이치로 천지조화의 큰 근원과 통달한 도를 꿰뚫어본 것이다. "같음과 같지 않음은 조화의 자취가 아님이 없다"는 구절은 앞의 문장에 대한 총 결론으로 유람의 뜻이 이미 그 이면에 포함되어 있다. 그 이하는 한 걸음 더 나아가 사람의 삶에 대해 말하는데 "남녀가 같지 않다" 다음에 같지 않은 많은 예를 하나하나 들고 "행불행이 같지 않다"는 구절로 결론을 맺었는데 그 안에는 몹시 사무치는 뜻이 들어 있다. "그런 까닭에〔是以〕" 이하는 또 그 같지 않은 것을 서술하고 "불우하고 우울하다"는 것으로 결론지어 스스로의 마음을 펼쳐냈으니 뛰어난 재능을 지니고도 불평스러운 마음이 맺혀 있어 유람의 뜻이 얼마나 절실했는지를 더욱 잘 볼 수 있다. "비록 그렇지만〔雖然〕" 다음에 비로소 산

---

100 원문의 부호腐毫는 중국 전한의 문인인 사마상여가 붓을 입에 물고 너무 생각하다가 붓이 썩었다는 데서 나온 말이다.

하山河 구절을 삽입하여 보지 않을 수 없는 뜻과 "어진 자는 산을 좋아하고 지혜로운 자는 물을 좋아한다"는 공부자孔夫子의 교훈을 말하였으니 식견이 높고 논의가 올바르다. "남자는 사방에 뜻을 둔다"는 것으로 결론을 맺었는데 그 안에는 또 여자가 유람하기 어려운 까닭이 감추어져 있다. 그 아래 곧바로 "여자는 규문 밖으로 나가지 못한다"는 구절은 "사라져 묻혀버린 것이라면 슬프지 않은가"라는 구절로 결론을 맺었으니 호방하고 빼어난 기상은 규범으로 구속할 수 없으나 규방 안에 깊이 있어야 함을 슬퍼하는 것을 볼 수 있다.

그 이하는 자기 자신에 대해 서술한 것이다. "내 삶에 대해 생각해보니" 이하 구절은 곧 위의 문장 "행불행" 구절을 이은 것으로 짐작하여 헤아리고, 반복해서 분별하는 가운데 굴원屈原의 복거문卜居文[101]처럼 한없는 감회와 다 말하지 못한 뜻이 들어 있다. 대개 굴원은 때를 만나지 못해 스스로를 산수 간에 내쳐서 자신을 결백하게 하고 티끌과 때를 묻히지 않기로 결심했다. 그래서 복거문을 지어 첨윤에게 물으니 첨윤이 말하기를 "계책에는 부족함이 있으나, 지식은 뛰어난 바가 있으니 마침내 스스로 그 뜻을 행하게 한다"고 했다. '홀로 깨끗하고 홀로 깨어 있는 것'은 온 세상이 하지 못하는 것을 능히 한 것이니 천하에 그와 더불어 고상함을 다툴 사람이 없다.

이제 여자로서 남자가 하기 어려운 것을 하고자 했으니 진실로 큰 역량과 특별한 배포가 아니면 만들어낼 수 없는 것이다. 그렇기 때문에 굴원이 점친 이야기를 빌려오고 끝은 증점의 말로 결정했으니 그 의론이 또한 매우 정대하다. "성인께서도 마땅히 동의하시리라"는 구절은 부모님께 요청하기 위한 근거이다. 증점이 기수에서 목욕하고 시를 읊조리며 돌아온 일은 특별히 성인께서도 허락하신 것이기 때문이다. 요순의 기상을 언급한 문장에 이르러서는 어찌 구구하고 속된 견해로 논의해서 도달할 수 있겠는가? "가슴속이 시원하다" 이하의 몇 구절에서는 우뚝하여 꺾이지 않는 기운을 볼 수 있다.

그 이하는 유람한 것을 하나하나 기록한 것으로 비록 경개를 대략 들쭉날쭉 서술하고 있지만 뛰어난 글은 마치 건장궁[102]을 세운 것처럼 그 묘함을 다 갖추고 있다. 천 개의 문과 만 개의 방은 단청을 발라 온갖 색

---

101 **복거**(卜居) 중국 전국시대 정치가이자 문인 굴원(기원전 343~B.C. 277?) 등의 시가집 《초사楚辭》의 한 장.
102 **건장궁**建章宮 한나라 때 장안에 세운 궁궐.

을 다 갖추고 있어 하늘의 기교를 빼앗아온 것이 아닌가 싶다. 서울을 두루 둘러보고는 "군자란 족함을 알아 능히 그칠 줄 안다"고 했는데 이 말에서는 본령의 정대함을 볼 수 있다. 글의 마지막에 "분수에 족하고 소원도 이룬 것이다"라고 했는데 이는 그 뜻과 기상이 밝고 상쾌하고, 국량이 활달하고 커서 우주를 깔보고 형상과 기운에 국한되지 않기 때문이다. 또 흘러넘치지 않고 지나치지 않을 수 있었던 것은 족함을 알고 그칠 줄을 알아서이니 예로부터 지금까지 두루 살펴봐도 거의 짝할 만한 사람이 없다. "하늘 아래 강산"과 "예로부터 지금까지 세월"은 서로 조응이 되는 첫 구절로 한 걸음을 풀어놓고 한 귀퉁이를 드러내며, "비록 그렇지만" 이하의 몇 구절은 천고의 통달한 논리다.

여행하며 경치를 본 사람들이 예로부터 얼마나 많았겠는가마는 오로지 강산의 아름다움을 기록했을 따름이다. 어찌 우뚝 홀로 서서 초연하게 멀리 형상과 빛의 바깥을 바라보았겠는가. 마지막으로 꿈이라는 한 글자로 한 편의 대결말을 삼아 중간에 무한한 감흥이 쌓였으나 드러나지 않고 간직하여 새나가게 하지 않았다. 아아, 뒤에 오는 사람들 가운데 과연 이 글을 읽는 사람들은 나의 언니를 알 수 있을까.

제題

운초

    금원은 여자 가운데 호걸이다. 문장은 단지 여기餘技로 한 일인데도 오히려 뛰어난 재능과 탁월한 지식을 볼 수 있다. 경춘은 자질이 매우 맑고 뜻과 기상이 빼어나며 문장도 그 사람을 닮았다. 물어보면 누가 형이고 누가 아우인지 가리기 어렵다. 반소[103]는 반고의 여동생으로 문장이 찬란하여 《여계女誡》로 이름을 나란히 하니 예나 지금이나 세상에 보기 드문 성대한 일이라고 일컫는다. 여자로 그 형제의 이름이 나란히 일컬어진다면 천고에 오로지 이들뿐이다. 남자로 태어나지 못하여 세상에 드러나지 않음이 애석하다. 아아, 하늘의 마노, 나무의 옥돌은 굶주리고 헐벗을 때 입고 먹을 수 없는 것이나 또한 절세의 보물이 아닌가.

---

103 **반소**班昭, 45~117? 중국 최초의 여성 사학자이자 문학가. 동한 시대 유명한 학자였던 반표班彪의 딸이고, 중국 역사상 두 번째 정사正史 《한서漢書》를 편찬한 반고班固의 누이다. 반고가 《한서》를 완성하지 못하고 죽자, 왕의 명으로 편찬을 완결한다. 저서로 부녀자의 처세 규범을 설명한 《여계女誡》와 《동정부東征賦》 등이 있다.

서書

경산

내가 일찍이 금원의 이름을 듣고 흠모해왔는데 마침 강가에서 이웃하여 살게 되었다. 뜻을 함께하는 사람들이 모이니 무릇 다섯 사람으로 마음속에 품은 생각이 넓고 고요하며 풍류와 운치가 호탕하고 대범했다. 이름난 정자에서 술잔을 들고 시를 읊조리니 그 즐거움이 평온하면서도 흥거웠다. 금빛 눈, 옥가루 같은 시구가 재원들의 붓끝에서 떨어지니 붉은 꽃, 푸른 풀을 춤추게 하는 것 같고, 시인의 입술은 모두 향기로웠다. 이 모두는 천기天機의 자연스러운 즐거움으로 멈출 수 없는 것이었다. 호수와 산이 특별히 그 경치를 만난 것이다.

이 글은 금원이 여행하며 구경한 일의 전말을 하나하나 기록한 것으로 마치 조화옹이 만물을 만들었을 때 쪼고 다듬은 흔적이 드러나지 않고 형형색색이 자연스럽고 빼어난 것과 같다. 이 글을 보는 사람은 구방고[104]가 말을 살피는 것처럼 문장 이외의 것을 알아보기 바란다.

발跋

박죽서

　예로부터 시문을 잘 쓰는 사람은 강산의 도움을 많이 받는다고 했다. 강산은 천지의 기운이고, 시문은 사람의 기운이다. 그런데 어떻게 강산의 도움을 받는단 말인가? 유독 크고 아름다우며 기이하고 빼어나서 즐거워하거나 놀라워할 만한 것은 산수의 빼어남이고 사람의 기운은 그것에 감동 받은 것을 표현해서 드러내는 것이다. 그래서 어진 사람은 산수를 얻으면 편안하고, 지혜로운 사람은 산수를 보면 통달하며, 뜻있는 선비는 뜻을 세우고, 용감한 사람은 분발하며, 호방한 사람은 호탕해지며, 우울한 사람은 슬퍼한다. 강개하여 읊조리며 탄식하다가 그것을 표현하면 문장이 되고 시가 되니 강산으로부터 도움을 받는다는 말이 마땅하다.

　나는 금원과 같은 고향이고, 근래에는 또 삼호 주

104　**구방고**九方皐　중국 춘추시대 진秦 목공穆公 때 말을 잘 알아보던 백락伯樂의 제자. 말의 암수는 잘 구별하지 못했지만 말의 정신을 보고 준마를 골랐다고 한다. 금원의 외면이 아니라 내면, 정신을 보라는 뜻.

변에서 함께 어울려 노닐었다. 여행하고 쓴 문장을 얻어 보니 비록 적막한 짧은 글이지만 안개 낀 파도가 만 리로 이어지는 기세가 흘러넘쳤다. 시가 무릇 스물일곱 편인데 아름다운 소리가 있다. 물과 바위 사이에 마음을 두고 웅장하고 기괴한 것을 거의 다 찾아다녀 층층 높은 산과 깎아지른 절벽, 잔잔한 물결과 빠르고 세찬 물결이 모두 그 모습을 드러내고, 힘차고 아름다운 문장이 경물과 함께 갖추어져 있다. 장엄하고 영특함은 마치 군자가 손을 맞대고 서 있는 듯하고, 가로질러 달리고 거슬러 치는 것은 마치 만 명의 군대가 일제히 뛰어오르는 듯하다. 봄의 꾸밈새처럼 아리땁고, 가을의 장식처럼 담박하다. 가까이의 특별한 경치와 천만 가지 모습을 문장과 시 사이에서 다 볼 수 있다.

    이것이 어찌 단지 시문에 능한 데다 강산의 도움까지 받아서 그런 것이라고만 할 수 있겠는가. 특별히 그 뜻과 기상이 넓게 트이고 세속을 벗어난 생각이 있어서 그런 것이다. 태산과 화산은 높고 가파르다고 하는 것으로는 부족하고, 장강과 한수는 깊고 넓다고 하는 것으로는 부족하며, 시와 문장은 소리 내고 침 뱉고 남은 나머지로 하는 것이니 그것으로 어찌 금원을 충분히 안다 하겠는가. 비록 그렇기는 하나 붉은 산의 비 한 방울로도 오히려 전체를 상상할 수 있으니 이 글이야말로 귀하다 하겠다.

시골 부인 서울 구경
서유록

강릉 김씨

늙도록 서울 구경 한번 못 하면 부끄러운 일

화설[1], 조선은 사천여 년 오래된 나라이다. 단군이 신성한 도덕으로 비로소 개국하시어 평양에 도읍하였다. 그 후 일천 이백여 년을 지나 기자箕子께서 중원 은나라 사람으로 동쪽으로 내려오시어 임금이 되어 또 평양에 도읍하시고 그 후 천여 년을 지나 삼한이 되었다. 신라가 또 통일하여 경주에 도읍하고 그 후 천 년을 지나 고려왕이 옮겨 송도에 도읍하고 사백 팔십여 년을 지난 뒤 우리 태조 고황제께서 등극하고 한양에 도읍하셨다. 그 도읍한 곳을 서울이라 한 것은 우리나라 말인데, 중앙정부를 세우고 삼천리강토를 통치하시니 서북으로는 백두산과 압록강이 경계가 되고 동남으

---

1   화설話說 고대소설 등에서 이야기를 시작할 때 쓰는 말.

로는 바다를 가로 둘렀다. 삼천리를 나누어 팔도를 만들고 십육 년 전에 태황제폐하께서 국호를 대한이라 하시고 연호를 광무라 하시며 팔도를 다시 십삼도로 정하셨다. 그중 강원도는 동해 바닷가로 이십오 군인데 강릉은 이십오 군 중 제일 큰 도회로 서쪽으로 한양과 거리가 오백 오십 리다.

각설. 남녀를 물론하고 그 나라에 태어나 자라서 늙도록 서울 구경 한번 못 하고 보면 부끄러운 일이다. 항상 구경하기를 기약하였으나 여자 몸이 되어 쉽지 못함을 한탄하였는데 어언간 나이가 오십이 세가 되었다. 계축년1913년을 당하여 삼월 초십일에 천지가 아득하고 일월이 빛을 잃은 변고로 집안의 운인지 가문의 운인지 맏손자를 지하에 영결하니 심장이 녹는 듯 가슴이 꽉 막힌 중 오월 초칠일에 맏손부를 마저 잃으니 저희 내외 천정연분으로 그러한 것인가. 오호 통재라! 나의 가슴에 맺힌 못이 어느 때에 녹을꼬. 원통하고 분한 심회를 이기지 못하여 한숨으로 세월을 보내자니 하루가 일 년 같고 미친 듯 취한 듯하여 진정하기 어렵다.

하루는 가군[2]을 향하여 서울 구경 하기를 청하며 마음도 진정하고 연아의 볼도 고쳐보자 하니 가군이 허락하여 말하기를 "나 역시 그럴 마음 있노라" 했다.

집안사람들과 의논하고 팔월 초삼일에 길을 떠나 대문 앞을 썩 나서니 비감한 마음이 더욱 새로웠다. 뒤 냇물을 건너서서 맏아이와 둘째아이는 집으로 돌려보내고 셋째아이와 넷째아이와 다섯째아이가 이십 리를 동행하여 안구산 성황당에 가서 집에 돌려보내고 연아를 데리고 가군을 따라 나귀에 짐을 싣고 앞에 몰고 서쪽을 향해 갔다.

굴면이 제민원[3] 지나 솔경이 닿으니 대관령 초입이었다. 거기에서 점심하고 굽이길로 올라가니 굽이굽이 길 닦기를 아무리 잘한들 박달고동이 깎아지른 것은 벽 같아 발 딛기가 어려웠다. 그 고동이를 간신히 올라서니 반정이 주막이라 돌아서 멀리 바라보니 제민원이 천인강감〔뜻을 알 수 없음〕 같았다. 잠깐 쉬었다가 원울이재 다다르니 이곳은 강릉 원이 우는 고개로 원이 처음으로 내려오다가 이곳에 다다라 울고 하는 말이 '이러한 험한 땅에 원 노릇 어이할꼬' 또 도로 갈 때는 울고

---

2 **가군**家君 남에게 자기 아버지 혹은 남편을 높여 이르는 말. 여기서는 남편.
3 강원도 강릉시 성산면 어흘리에 속한 마을들. 굴면이〔屈免洞〕는 험한 대관령 고갯길을 굴러내려오다가 이곳에 이르면 '굴러오는 것을 면한다' 해서 붙여진 이름이고 제민원濟民院은 조선시대에 이곳에 관원들의 숙소인 제민원이 있어서 생긴 이름이다.

하는 말이 '제일 좋은 강릉 땅을 버리고 간다' 하여 이 고개 이름을 원울이재員泣峴라 한다고 한다.

고개를 얼른 지나 마루 주막 다다라 잠깐 쉬고 상상봉에 올라서자 강릉 일대가 눈 아래 늘어서니 측량할 수 없이 높은 고개였다. 망망한 동해물이 옷깃같이 둘러싸고 있고 경포대는 잔과 같고 모산봉母山峰은 주먹 같았다. 장현 본집 바라보니 지점 중에 뚜렷이 보였다. 집 떠난 지 하루가 못 되어 집 생각이 간절한 것은 필경 집 있는 곳을 바라봐서 그런 것이다. 얼른 돌아서서 성황당에 다다르니 이 성황은 유명한 국사성황으로 강릉 사람이 수백 년 숭배하여 수부다남壽富多男을 축원하고 매년 사월 초팔일에 강릉읍 남천 물가에 성황을 모시는데 그날 저녁 풍악 소리와 횃불 빛은 일대장관이다. 요 수년간 완전히 폐지하였으나 이전부터 숭배하던 일을 생각하고 마음속으로 평안히 돌아오기와 만사 뜻대로 되기를 축원하고 일어나서 다랑이[4] 얼른 지나 가시머리에 이르니 좌우에 높은 산이 첩첩하고 인가는 드물어 두메산골[5]이 분명했다. 이전에는 강릉 땅이었는데 지금은 정선 땅이 되었다. 잠깐 쉬고 술바우 지나 청드루[6] 지나 횡계 주막 다다르니 서산에 해가 걸려 석양천 해질녘이 되어 숙소를 정했다. 온 길이 오십 리였다. 그곳은 이전에 역촌이더니 지금은 헌병 파견소가 되어 일본 사람도 있었다. 여자는 본래 먼 길 출입이 없어서 주막집 숙식이 처음이니 그 어찌 마음에 맞기를 바라리오. 연아가 보채지 않는 것이 기특했다.

이튿날 아침에 출발하여 거래지 지나 싸리재 너머 ○○너래 주막[○는 판독 불가]에 잠깐 쉬고 삼홍정이 얼른 지나 느릅정이 지나서 월정지에 다다라 점심하니 그곳에서 월정사가 이십 리였다. 작년 봄에 월정사 구경한 일이 도리어 심중에 가물가물했다. 뒷산 이름은 만과봉萬科峰인데 어느 때인지 알지는 못하지만 그 봉우리 위에서 만 명에게 과거를 보게 해서 이름을 얻었다 하나[7] 높고 크지도 않았다. 오후에 윗진부로 가서 시동댁을 찾아 들어가니 옥수수를 주길래 반가이 먹고 떠나 아래 진부에 다다르니 산도 낮고 물도 좋거니와 평평한 광야 중에 인가도 빽빽하고 전답도 반듯반듯하니 산중에서 처음 보는 번화지였다. 물으니 이전에는 역촌이었

---

4 **다랑이** 비탈진 산골짜기에 여러 층으로 겹겹이 만든 좁고 작은 논.
5 **두메산골** 원문은 협중리도. 협중峽中은 산골, 두메. 내도內道는 안쪽 길.
6 **드루** 들의 강원도 지역 방언.
7 조선시대 세조가 오대산 상원사로 병을 고치러 왔다가 완쾌된 뒤 거기서 과거를 치르게 했다는 말이 전한다.

는데 지금은 순사주재소가 되었고 시장이 있지만 상점은 볼 것이 없었다. 그곳을 얼른 구경하고 한산벼루 신작로로 배나무정이 얼른 지나 거그리 주막에 숙소를 정했다. 온 길이 오십 리였다. 이전에는 강릉 땅이었으나 지금은 평창 땅이 되었다.

    그날 밤 지나 아침 먹고 청심대淸心臺에 다다르니 특이한 바위가 산 끝에 위태하게 서 있는데 그 아래 맑고 깨끗한 장강이 둘러 있으니 기이한 경치였다. 누대의 형상이 완연하니 남녀를 물론하고 이곳을 지나는 이의 마음을 맑게 한 자가 몇몇인가. 그 누대 이름 역시 좋다. 두루 구경 잠깐 하고 일락원 얼른 지나 모로재[8]를 넘어갔다. 재는 그다지 높지 않으나 너무 지리하니 옛날부터 전하는 말이 이 재 넘어 왕래하려면 머리털이 도로 세겠다고 하여 모로재라 한다고 한다. 나무가 커서 하늘을 찌르고 풀은 우겨졌으나 새소리가 왕래하고 물소리는 폭포로다.

일본의 위풍과 세력에 불편한 마음

드문드문 굽이길로 산마루[9]를 넘어서니 거기도 진정한 청태밭 속이었다. 속운이를 썩 나서서 치어다보니 하늘이요 내려다보니 길뿐이었다. 이렇듯이 심산 중에 오가는 나그네만 기다리고 좁은 집[10]에서 생활하는 저 주막집 정황을 생각하니 가련하고 불쌍했다. 잠깐 쉬고 자작정이 얼른 지나 할미골 주막에서 점심하고 웃대화에 다다랐다. 이전부터 장터인데 인가가 드문 중에 시설은 새롭게 만든 것이다. 자세히 물어보니 육년 전 정미년에 대한의병이 지나갔다고[11] 일본 군인이 와서 인명도 살해하고 인가도 불을 질러 소멸한 이후 이렇듯이 제대로 모양을 갖추지 못하고 있다 하니, 여자의 마음에도 분함을 이기지 못할 바이다. 그곳 지나 아래대화에 이르니 그곳도 역시 장터였다. 여러 가지 모양이 아래 진부와 비슷해서 순사주재소가 있는가 물어보니

---

8 **모로재** 모리재. 강원도 평창군 진부면에 있는 고개.
9 **산마루** 원문은 재말랑. 재는 산의 고개나 산마루. 말랑은 마루를 뜻하는 강원도 방언. 재말랑은 산마루를 뜻한다.
10 **좁은 집** 원문은 수간두옥數間斗屋. 몇 칸 안 되는 아주 작은 집.
11 1907년 정미년에 대한제국 군대 해산에 분노하여 의병이 일어난 것을 말한다.

과연 그러한즉 일본 사람의 위풍과 세력이 저렇듯이 대단한가 마음이 자연 불편했다.

잠깐 쉬고 반정이 지나 새초거리 웃방림을 지나가면서 서둘러 구경하고 하방림을 향해 가는데 지나온 길 일백 육칠십 리에 연장한 전봇줄이 없어서 물으니 평창 읍내로 들어갔다고 했다. 그곳에서 묵으니 온 길이 육십오 리였다. 집 떠난 지 사흘 동안 오늘 지나온 길이 제일 머니 차차 길 가기도 느나 싶었다. 연아도 노독 없이 잘 걸으니 기특한 마음 측량없었다.

이튿날 아침에 출발하여 덧다리 아래 사그내 웃사그내 지나 영의재를 넘어서니 운교 주막에 다다라 거기서 점심 하고 한 모롱이[12] 돌아가니 문재의 초입이었다. 치어다보니 산마루는 구름 가운데 솟아 있는 듯하여 삼사 일 행로 중에 이렇듯이 높은 재를 넘으려니 숨도 차고 다리도 아파 못 견딜 것 같았으나 하릴없이 억지로 막대를 끌고 상상봉에 오르니 흉악도 하고 굉장한 태령이라 대관령과 조금도 다름이 없었다. 연아를 돌아보며 "다리 아니 아프냐"고 물었더니 "관계치 아니하오"라고 하여 다행히 여기고 잠깐 앉아 쉬었다.

가군이 하는 말이 이전에 강릉 땅 경계가 이 산마루였는데 장현에서 이백 리라 하여 깜짝 놀라 생각하니 '서울 오백 오십 리에 이제 겨우 이백 리를 왔으니 삼백 오십 리가 남았구나. 멀기도 하다. 몇날 며칠이면 동대문에 들어설꼬.' 오가는 나그네는 많으나 아는 사람은 전혀 없고 산천은 갈수록 첩첩한데 산도 설고 물도 설어 이백 리 밖에 있는 집이 생각에 천 리도 같고 만 리도 같아 자연히 후회하는 마음이 생겼다. 그 재 넘어 내려서면 웃안흥 주막인데 그곳부터 횡성 땅이다. 김인경의 집을 찾아드니 반갑게 대접하고 자고 가라 만류하여 거기서 묵었다. 종일토록 걸은 길이 겨우 사십 오 리라니 답답했다.

　이튿날 아침에 출발하여 봇둔지 지나 관마을에 다다르니 그곳도 장터이고 헌병파견소였다. 잠깐 쉬고 단지골 얼른 지나 재마루를 나서니 올라오기는 수월하나 내려갈 길은 험하고 지루했다. 문재와 다름없이 그 고개도 태령이라 열 번 굽이 내려서니 통골 주막에 다다랐다. 그곳도 골짜기라 오원 주막 찾아들어가 밀국수로 점심하고 대미원을 썩 나서니 산도 낮고 들도 넓어 마음조차 쾌활했다. 무넘이 넘어 살운이 지나 차바위 주막에서 잠깐 쉬고 횡성 앞내 건너서니 평원광야 너른

12　**모롱이** 산모퉁이의 휘어 돌아간 곳.

들에 논도 좋고 밭도 좋아 백곡이 무성하고 동서남북 네 산 아래에 인가가 즐비하니 횡성원의 앞드루 자랑이 과연 헛말 아니었다. 횡성 읍내 찾아드니 시장도 좋거니와 상점도 굉장했다. 객주집으로 찾아들어 숙소를 정하니 온 길이 칠십 리였다.

그날 밤 지내고 나니 음식이며 거처든 대처[13]가 달랐다. 제집이나 다름없이 달게 자고 달게 먹고 아침에 출발하여 가는 모양 날마다 한가지였다. 횡성 뒷내 건너서서 큰 골 지나 장지고개 넘어 생원골에 다다랐는데 산천을 두루 보니 도리어 산중이었다. 그곳을 바삐 지나 배나무정이 주막에서 잠깐 쉬고 느루고개 넘어서니 헌병파견소였다. 거기서 점심하고 풍수원에 다다르니 천주교당이 찬란했다. 청색 홍색 두 가지 색 벽돌의 이층 양옥을 처음 보았다. 자세히 구경하고 도독 모롱이 고개 넘어 정안이 얼른 지나 가루고개에 다다르니 일락서산 황혼이라 주막집을 찾아들어 자고 가자 청했으나 양식이 없다고 들어주지 않았다. 할 수 없어 더 가자니 고생이 반절이라 언구베 주막에 묵었다. 온 길이 오십오 리였다. 당초에 집 떠날 때 첫째는 심회풀이, 둘째는 연아 볼 고치기, 셋째는 구경을 위해서였는데 이렇듯이 멀고 먼 길 갈수록 고생인 듯 집 생각이 간절하나 뒤늦게 후회한들 쓸데없었다.

　이튿날 아침에 출발하여 용모루 장터 다다르니 양평 땅으로 경기도 초입이었다. 두루 잠깐 구경하고 노릅드루 반골 지나 미륵당에서 잠깐 쉬고 선바우 얼른 지나 수미드루 주막에서 점심하고 너부여울[14] 신작로로 봉황정에 올라서니 경치도 기묘했다. 고니와 푸른 닭이 난간 아래 배회하고 첩첩한 청산이 정자 위로 은은이 비치는데 앞으로 바라보니 양씨 대촌마을 앞 푸른 소나무와 대나무 수풀 중에 활 쏘던 정자 역시 운치 있게 지어져 있었다. 자세히 구경하고 참외 사서 먹으며 마내 주막 신작로로 갔다. 신작로로 막대를 끌고 가니 길치도 굉장했다. 비래마을 황골 주막을 하나하나 지나 노박다우에 다다르니 집집마다 저녁연기가 나서 주막집에 묵었다. 온 길이 오십 리였다. 십리 밖 양평 읍내가 이웃같이 보였다.

13　**대처**大處　인구가 많고 번화한 도시.
14　**너부여울**　너븐여울. 광탄廣灘. 양평 지역. 본래 지평군 화서면 지역.

경기 바람이 완연, 가까워진 서울

이튿날 아침에 출발하여 양근 읍내 다다르니 충무 장터가 굉장했다. 좌우에 상점은 몇 백 호인지 수없이 많고 인물이며 상품들은 번화하고 찬란하니 경기京畿 바람이 완연했다. 장터를 지나서니 좌우에 버드나무가 오 리나 줄지어 서 있고 그 중간에 길을 닦아 오가는 나그네가 푸른 수풀 사이로 왕래하니 경치도 으뜸이었다. 탄탄대로로 가다 보니 오빈역이니 덕구실이니 궁터니 다 지나고 대강수를 옆에 끼고 다르락이 주막에서 잠깐 쉬며 강물 구경을 한참하고 놋대울 가서 점심 먹었다.

그 길로 반정이[15] 지나 월계벼루 다다르니 호호탕탕 큰 강 위에 어선이며 상선이며 뗏나무 타고 가던 뱃사람들이 돛대를 달고 왕래하니 그 구경이 가장 좋았다. 주막집에 잠깐 앉아 이것저것 구경하고 벼루길로 약방모롱이 지나 두물머리[16] 도달하여 숙소하니 온 길이 오십 리였다. 이곳은 두 강물이 합수한 곳으로 남강은 양근강이요 북강은 용진강[17] 고랑이다. 저녁밥을 먹은 후 행역[18]을 이기지 못해 연아를 데리고 누워 들으니 강물 소리가 베개 아래서 났다. 집 떠난 지 여드레 날에 지난 길을 계산하니 사백 칠십 리요 서울은 팔십

리가 남았다. 이 생각 저 생각 두루 잠을 이루지 못하고 날 새기를 기다리니 사방에 닭 울음소리가 객의 회포를 돕는 듯했다.

이러구러 잠깐 자고 일어나니 어느새 팔월 열하루 날이라 세월은 어이 그리 빠른고. 집사람들도 우리가 떠난 지 여러 날이 되었으니 여행길 소식 몰라 필경 궁금히 여기리라. 그날 아침 출발하여 고랑강물 당도하니 물빛은 하늘에 닿아 있고[19] 강물 소리는 땅을 울렸다. 배를 타고 건너서니 고랑이 주막인데 그곳에도 헌병파견소가 있었다. 파죽고개 넘어서 봉안[20] 주막 얼른 지나 두미강 벼루길로 가려 하니 월계벼루와 같은 모양이나 이 강은 양수가 합류한 강이라 깊기도 측량없고 크기도 한량없었다.

"저렇듯 큰 강물이 어디로 흘러가오?"

---

15 **반정이** 양평군 양서면에 있는 반장半長이란 곳을 가리키는 것으로 보인다. 질울 남쪽 마을로 예전에 주막이 있어서 성시를 이뤘다.
16 **두물머리** 양수리兩水里. 양평군 양서면의 북한강과 남한강이 합류하는 곳. 두물머리는 양수리의 우리말.
17 **용진강**龍津江 북한강의 옛 이름.
18 **행역**行疫 여행으로 인한 피로와 괴로움.
19 소동파의 〈전적벽부〉에 "흰 이슬은 강물 위에 내리고 물빛은 하늘과 맞닿아 있다"라는 구절이 있다.
20 **봉안** 현재 팔당댐 지역. 남양주시의 마현마을 하류. 옛날에 주막으로 유명했다.

가군이 하는 말이

"서울 오강물[21] 되어 서해바다로 들어가는데 오강물은 이 강뿐 아니라 다른 강이 또 합수한다네."
해서 다시 생각하니 오강수는 필경 바다나 다름없을 것 같았다. 이리 한참 가다보니 길 곁에 선 바위 위에 사람의 형상이 그려져 있어서 물으니 가군이 답하기를

"이전에 대관령 길을 낸 양반으로 성명은 고형산[22]이라는 사람의 화상인데 그 화상 이마 위에 돌을 던져 올라 앉히면 과거에 급제한다고 해서 이전에 과거 보러 가던 선비들이 한 번씩 던져보았기에 무수한 잔 돌멩이들이 지금까지 있다네."
라고 해서 다시 보니 과연 있었다. 그 말을 들으니 비창한 마음이 일어났다. 그 전에 과거 있을 때 시댁이나 친정이나 여러 어른 과거 보러 오실 적에 이 길로 많이 지나가며 돌멩이도 던져보셨을 듯하다. 이 길로 다니실 때 나와 같이 노독이나 없었던가. 과거 보고 낙제하여 이 길로 돌아오실 적에 분한 마음 여북하였을까. 경진년1820년 증광시[23]에 증조부께서 진사하셨을 때도 저 돌멩이 던졌던가. 옛날 일을 생각하니 도리어 슬펐다. 그 화상을 구경하고 호랑바위 다시 만나 자세히 살펴보니 꼭 닮은 생김새라 무서운 생각이 절로 났다. 그 벼루를

다 지나자 바닿이 주막에 다다랐다. 막대에 의지하여 서편을 바라보니 높고 또 기이한 산이 있어 그 산 이름을 물어보니 한양 서울의 주산인 삼각산이라 해서 기쁜 마음이 측량없었다. 서울이 멀지 않은 것이다. 그 주막에서 잠깐 쉬고 아홉사리 고개 넘어 덕소에 다다르니 인가도 즐비하고 번화한 마을이었다. 그곳을 구경하고 평구 장터 주막집에서 점심 사서 요기하고 조운이[24]에 다다르니 서울이 삼십 리 남았다. 해질 무렵은 아니었으나 그날 성으로 들어가기 어려워서 그곳에서 묵었다. 온 길이 사십 리였다.

이튿날, 아침 먹은 후에 왕산내[25] 건너서니 미음벌[26]

---

21 **오강**五江 서울 근처 중요한 나루가 있던 한강, 용산, 마포, 현호, 서강의 강가 마을을 이르던 말.
22 **고형산**高荊山, 1453~1528 1511년 강원도 관찰사로 부임해 1512년 우마차가 지나갈 수 있는 대관령 도로를 개통해 서울에서 강릉까지 도로를 개설했다.
23 **증광시**增廣試 조선시대 국가에 경사가 있을 때 보던 임시과거.
24 **조운이** 조운漕運을 말하는 것으로 보인다. 조운은 각 지방의 조세를 선박으로 서울까지 운반하는 조직. 지방에서 거둔 조세를 수송하기 위해 강변에 수운참을 설치하여 모았다가 일정 기간을 정해 선박으로 서울로 수송했다.
25 **왕산내** 왕숙천. 경기도 포천군 내촌면 신입리에서 시작하여 구리시 북쪽으로 흘러 동쪽을 감싸고 돌아 한강으로 흐른다. 태조 이성계가 묏자리를 구하러 와서 하룻밤 머물렀다 하여 왕숙王宿이라 하고, 왕산내라 불러왔다. 《신증동국여지승람》에는 풍양천豊壤川, 경기지 양주조에는 왕숙탄王宿灘, 대동지지에는 왕산천王山川이라 기록되었다.
26 **미음** 경기도 남양주.

이 넓었다. 그 영 둔지 지나서니 망우리 고개에 이르렀다. 대로상에 올라서서 오던 길을 다시 보고 바로 난 길과 비교하니 조그마한 소로小路였다. 바로 난 길은 어디로 통하는 길인가 물으니 덕수궁에 계신 태황제폐하 신위지지[27]로 정해진 금곡[28]으로 통한다고 했다. 길도 너르고 좋거니와 좌우에 심은 버들잎이 피어 숲을 이루었다. 녹음 사이로 고개마루를 나서니 서울이 지척인 듯 동대문 안에서 나는 석탄 연기가 보였다. 몇 리나 남았는지 물어보니 이십 리가 남았다 하는데 길치도 더욱 굉장하여 너비도 상등이요, 바르기는 화살이요, 평평하기는 숫돌 같았다. 좌우에 심은 버들은 백 배나 더 좋은데 사이사이 백양나무와 조선 버들, 미국 버들이 아주 굉장했다.

처음 만나는 굴러오는 유리집, 전차
그리고 여학도

고개를 내려서니 뚜렷한 양옥집이 찬란하게 지어져 있어 가군에게 그 집 임자를 물어보았다. 우리나라 임금께서 동구릉에 거동할 때 중화中火, 점심 하시던 집이라 했다. 그 집에 들어가 구경하고 떡전거리[29]로 바로 가서 점심 요기를 잠깐 하고 홍릉거리에 다다르니 동대문까지 이십 리였다. 그곳에 쉬면서 구경하니 원산으로 왕래하는 화륜거가 번개같이 달아나고, 인력거며 자행거가 북같이 왕래하고, 나무바리 황아[30]짐이 떼를 모아 출입하고, 구경하던 남녀들이 끊이지 않고 이어지는 가운데 번갯불이 번득하며 수 칸 되는 유리집이 노상으로 굴러오니 그것은 전차였다. 정거장을 구경한 뒤에 가군은 나귀 몰고 행로로 오게 서로 약속하고 연아를 데리고 전차 위에 올라앉았다. 번개같이 구르는 바퀴가 잠깐 멈추어 전차에서 내려서니 동대문 안에 벌써 이르렀다. 서울에 대해 많이 들었지만 귀로 듣고 눈으로 보는 것은 처음이라 정신이 아득하여 어떠한지 알 수 없었다. 동대문 턱에 기대 가군 오기를 기다려서 교동 보행객주집[31]에 숙소를 정했다.

집 떠난 지 열흘 만에 오백오십 리에 도달하니 반갑기도 하려니와 노독인들 없었겠는가. 수없이 많은 장안

---

27 **신위지지**神位之地 죽은 뒤에 들어갈 묘.
28 **금곡** 고종과 명성황후를 합장한 홍릉이 있다.
29 **떡전거리** 병점리餠店里. 동대문구 회기동에 있던 마을. 옛날 떡 파는 가게가 많아서 떡전거리라고 불렀다.
30 **황아**荒貨 담배쌈지, 바늘, 실 등의 자질구레한 일용품을 일컫던 말.
31 **보행객주집** 걸어서 길을 가는 나그네만을 묵게 하던 여관.

구경할 일은 훗날에 미뤄두고 여관을 내 집 삼아 편히 쉬려 하였더니 그날 밤 지낸 고생은 집 떠난 후 처음이었다. 거처가 불편하여 잠을 이루지 못하고 두루 생각하며 자탄하기를 '서울이 좋다더니 이렇듯이 불편한가.' 오던 날이 장날이라고 아마도 여관을 잘못 만난 것이다.

 이튿날 십삼 일에 숙소를 수진동[32] 여관으로 옮기고 이 날 편히 다리를 쉬었다. 십사 일 아침 먹은 후에 중학동에 사는 김해진 씨 집을 찾아갔다. 김해진 씨의 부인은 서당댁 딸이라 시댁으로 일가가 되고 김해진 씨는 흰다리 김씨로 강릉에서 살다가 이사했고 친정으로 일가가 된다. 서로 반겨 인사하고 내 집같이 생각하니 타향에서 옛 친구를 만나는 것은 옛날부터 좋은 일이다. 종일토록 정담을 나누니 객회客懷는 사라졌는데 노독이 심해서 몸조차 편치 않았다. 약을 달여 먹은들 구름이 걷히고 푸른 하늘이 나타나듯 상쾌해지기 쉽겠는가. 여관에 돌아와서 이리저리 생각하니 집 떠나면 고생이라 금년 당한 내 운수가 이렇듯 고약한가. 객지에 나선 몸이나 탈이 없으면 이 생각 저 생각 자연히 없어지겠지. 내 마음에도 답답한데 가군이나 연아의 마음이야 여북이나 갑갑할까. 심회풀이가 도로 걱정이요 구경은 저물어서 못하고 자탄으로 밤을 새웠다.

이튿날 십오일에 김해진 씨 집에 가서 아침밥을 먹고 생각하니 오늘은 추석 명절이라. 해마다 오늘은 술과 음식도 넘치려니와 일가친척 상하노소가 경사로 모여 지냈는데 오늘도 그러한가. 경사는 고사하고 비창한 마음 새롭겠구나. 햇실과가 풍성하고 햇곡식 익었는데 추석 차례 지낸 후에 온 집안이 다 모일 것이나 먼 길 나온 우리들은 고사하고 알뜰한 저희 내외 어디 가고 아니 오나 불쌍하고 가련하다 소일지탄[33] 없을쏜가. 집안 일이 뚜렷하여 생각 중에 보는 듯하고 애달프기 측량없다. 동쪽 하늘을 바라보고 한숨 쉬고 길이 탄식하고 나니 노독이 심한 중에 더욱 몸이 편치 않아 약 세 첩을 달여 먹고 시골 이야기 서울 이야기 서로 수작하다 보니 해가 벌써 석양이었다. 몸도 편치 않아 오기 싫어 그 집에서 자려 하니 신세가 과연 태산 같았다. 백사지[34] 같은 서울에 억천만 가지가 다 돈이라 밥 한 그릇이 미안한 중에 하물며 그 집 사정이 곤란한데도 같은 마을 살던 일가라고 몹시 생각해주니 감사하고 고마웠다. 연아는 철부지라 이 생각 저 생각 모르는 체

32　**수진동**壽進洞　종로구 수송동, 청진동 일대에 있던 마을.
33　**소일지탄**小一之歎　기쁜 일이 있을 때의 사소한 근심거리.
34　**백사지**白沙地　의지할 데 없는 객지나 타향.

몸조차 무탈하니 다행하고 기특했다. 연아가 그 집 처녀 동무를 만나 장단 맞춰 하는 말이

"서울 살기 가장 좋겠네. 온갖 물건 귀한 것 별로 없지, 구경할 것 많으니 놀기 좋아, 살기 좋아."

그 집 처녀 대답하기를

"나도 시골에서 나고 자라 서울 온 지 오래지 않네. 온갖 물건 돈 없으면 시골보다 더 귀하고 구경할 것 많다 해도 여자 몸이 되고 보니 출입 상에 불편이라 이리저리 생각해도 살기 좋기는 시골이 나아. 나는 서울 온 이후에 서울 풍속 따르느라 우리 부친 명령으로 학교에 다니면서 글자 약간 배우자니 구경할 사이 별로 없데."

"학교에 다닌다니 무엇무엇 공부하며 학도는 몇이나 되는가?"

"공부하는 것 다 잘하기는 어렵지만 배우는 건 많고 또 재미있데. 국문, 한문, 습자, 도화, 수신, 산술, 일어, 영어는 남학교와 다름없고 침선, 방적, 편물 등은 여자가 본래 하는 일이고 수삼 백 명 모인 중에 일등 명창이 수다하나 나는 그중에 변변치 못하니 분하고 또 부끄럽데."

이리 한참 지껄이는데 옆에서 들으니 궤변인 듯 신

기했다. 여학교 있다는 말만 들었는데 진정한 여학도를 만난 것이다. 국문은 이전부터 여자의 글이라 물어볼 것 없거니와 그다음 여러 가지 차례로 물어보았다.

"배우기는 무슨 목적이며 배우기 어렵지 아니하더냐?"

차례로 대답하기를

"한문이라 하는 글은 안 배울 수 없거니와 배우기도 어렵지요. 옛날 성현의 행실과 사적을 알고자 하면 사서삼경 안 보리까? 한문 글자 모르고는 판무식을 면치 못하지요. 한문이나 국문이나 눈으로 보아 알기만 하고 손으로 옮기지 못하면 소경에게 단청과 한가지니 글자 익히지 아니 하오리까? 도화라 하는 것은 모든 물건 형상대로 변통 없이 그리는 법이니 묘하고도 신기하오. 산천초목, 사석화엽, 일월성운, 금수어충은 본 모양이 완연하고 열녀, 충신, 절부, 효자는 화상 보고 얼굴 알며 동양, 서양, 천하만국은 지도 보면 구경한 듯하나 이렇듯이 좋은 공부 잘하기가 어려워요. 수신이라 하는 것은 착한 행실 배우는 것, 산술이라 하는 것은 일용사물 몇 만 가지 수 아니면 분수없소. 일어, 영어, 외국말은 외국 사람과 관계 있어 서로 수작하려고 하면 말 못하고는 답답해요. 침선방적은 말씀할 것 없거니와 편물이라 하는 것은 목에 두르는 목도리와 손에 끼는 장갑 등 물건 뜨는 방법이니 배워두면 해로울 일 전혀 없소."

차례차례 하는 말을 다 기록하기 어려워 약간 적으며 이야기한 뒤 언어범절과 행동거지, 외양조차 요조해서 김해진 씨 내외를 향하여 규수 잘 둔 치하를 하니 재주 있다고 자랑했다. 좀 써보라 하니 일필휘지 쓰는 모양 탄복하고 부러웠다. 써놓은 글자 글자가 주옥같이 얌전하니 아무 집 딸이라도 가르치면 저러하지 싶어 연아에게 하는 말이

"너도 학교에 다닐라냐? 우리 강릉도 여학교 세우고 청년여자 모아들여 교육사업 하여볼까?"

생각은 간절하나 뜻을 같이하는 사람도 없거니와 재정을 모으는 일이 제일 어렵다니 그것도 헛말인 듯했다.

약 달여 먹고 나선 서울 구경,
경복궁 사대문 등

———

그럭저럭 밤이 깊어 잠을 자고 일어나니 이 날은 팔월 십육일이었다. 약 세 첩 효험인지 노독도 간데없

고 탈난 몸도 쾌차하니 걱정하던 중 다행이었다. 이날 은 증조모 기일이라 집안일이 어떠한 줄 몰라 궁금해 서 학산 가는 인편을 얻어 '평안' 두 자 편지로 써서 나 귀 세정 물어 보내고 한시름 덜었다.

아침 먹은 뒤에 구경하러 처음 나서서 제일 먼저 경복궁 구경하러 중학다리 건너서서 육조 앞에 다다랐 다. 경복궁 앞대문이 구름 속에 높이 있어 한 글자를 자리 만하게 광화문이라 써 붙이고 그 앞에 돌을 때려 난간을 짜고 난간 아래 돌로 개 형상을 만들어서 마 주 앉혔는데 이름은 해태요 크기는 말 같았다. 그 앞으 로 너른 길은 오마대라 좌우로 육조를 세웠으나 지금 은 거의 폐지되고 빈 집만 남은 것 같았다. 광화문 안 들어서서 근정전 앞 다다르니 문무백관이 조회하던 곳 이었다. 문관 무관 패만 서 있고 근정전 앞문에서 궁전 안을 올려보니 임금께서 앉아 조회 받던 용상이 뚜렷 한데 폐지한 지 여러 해 되어 섬뜰에 풀이 나고 처마에 선 새가 나니 도리어 처량했다. 그 집 제도를 살펴보니 굉장하고 놀라워 나라 인력이 무던한 듯했다. 그 길로 사정전 연생전 강령전 함월전 교태전 차례로 구경하니 궁궐도 굉장하고 수다하여 이름 다 알기도 어려우나 그중 교태전은 우리나라 황후께서 거처하시던 집이라 더욱 찬란했다.

또 청연루 융문루 융무루 경회루를 차례로 구경하니 궁전보다도 누각이 더욱 굉장하던데 그중 경회루가 제일 굉장했다. 기둥은 모두 돌기둥이요, 이층집인데 위층에는 올라가지 못하게 해서 아래층에서 구경하니 사방에 큰 연못을 파고 연을 심어서 잎이 피어 덮었는데 운치가 제일 좋았다. 그러한들 쓸데 있나 독립기관 이름으로 궁궐조차 폐지하니 그 나라 신민臣民 된 자의 마음이 이렇듯이 원통하고 분한데 이 궁궐에 계시던 우리나라 황상께서는 여북이나 분탄하실까.

자경전을 지나 경무대를 구경하니 전일 과거를 보게 하던 곳이었다. 이것저것 모두 보니 처량한 마음 절로 생겨 이전 일이 꿈같았다. 궁성의 네 대문을 구경하니 동편은 건춘문, 북편은 신무문, 서편은 영추문, 가운은 광화문이다. 궁장 안이 너르기도 한량없었다. 일본 사람 모범장[35]에 각종 실과나무와 여러 가지 채소를 모두 심었으니 어여쁘기도 하려니와 분하기도 측량없었다. 당당한 대한제국 궁장 안에 일본 사람 모범장이 어인 일인가. 궁궐을 돌아보니 황폐하고 쓸쓸한 빈집이라 오호 통재라 분하도다.

남녀를 물론하고 국민 되기는 일반이다. 남자 사회

아무리 문명한들 여자 사회 미개하면 중흥사업 어려우니 아무쪼록 열심히 여자 교육 하여볼까. 강릉 일 생각하니 남학교도 드문데 여학교를 어찌하여 설립할까. 참담하고 원통하다.

광화문 돌아나와 동서남북 살펴보니 산세도 웅장하고 기묘했다. 백악산과 삼각산은 북편을 둘러싸고 인왕산 모든 봉은 서쪽으로 벌려 섰고 타락산, 목멱산은 동남으로 높이 있었다. 네 산 위에 성을 쌓고 성 안을 나누어 오서를 만들었으니 중서는 여덟 방坊이요, 동서는 열두 방이요, 남서는 열한 방이요, 서서는 여덟 방이요, 북서는 열 방이다. 호수는 오만여 호요, 인구는 이십여 만이라 했다.

중학동으로 도로 와서 잠깐 쉬며 다리를 쉬고 다시 구경하러 종로거리로 썩 나서니 인산인해 끝이 없었다. 보고 듣는 것 다 적자면 만 장의 종이도 부족할 것이라 못 본 듯이 지나쳤다. 서편으로 가서 보니 이층의 목재로 된 돈의문[36]이 나오는데 제도가 크고 웅장했다. 사대문이 다 저러한지 물어보니 가군이 대답하기를

---

35 **모범장**模範場 원예 개량을 위해 1906년 서울 뚝섬에 만든 원예모범장을 말하는 듯하다. 일본인 주도로 개량 품종을 도입해서 재배했다.
36 **돈의문**敦義門 서대문. 종로구 신문로 2가에 있었던 성문.

"마찬가지라" 하니 묻지 아니하여도 짐작할 만했다. 남대문은 숭례문이요, 동대문은 흥인문이요, 북은 숙청문이요, 서쪽은 곧 이 문이니 새문이라 하기도 한다고 했다. 문 밖으로 썩 나서니 서편에 독립문 돌기둥만 남아 있었다. 물어보니 일본 사람이 헐었다 하니 그것도 아니 분한가. 평안도, 황해도 사람들은 이 문으로 출입하는데 전차는 삼개[37]까지 통했다.

그 길로 남대문 밖을 향해 가니 좌우에 양옥이며 상점은 문안이나 다름이 없었다. 남대문 밖 정거장에 다다르니 인산인해로 신의주, 원산, 부산, 인천항에 왕래하는 화륜거가 들락날락 끊이지 않고 이어지는데 화통 소리는 벽력같고 빠르기는 번개 같아서 정신이 어지러워 어떻다 말을 할 수 없었다. 조화도 무궁하여 눈으로는 분명하게 보여도 형언하여 이야기하기 어려웠다. 남대문으로 들어오니 길바닥도 돌을 때려 이 맞추어 깔았으니 비가 와도 질지 않고 바람 불어도 먼지가 없었다. 남대문 좌우 성을 헐어 전차 다니는 길을 만들고, 남대문은 뚜렷한 공중누각 같고 문안 문밖 좌우로 양옥집이 즐비하여 구름 밖에 있는 것 같았다. 그중에 은행소는 전통 돌로 지었는데 웅장하고 아름다워 시골 사람 안목에 놀라웠다. 종로에 와보니 자동차며 자전거며 인력거며 전차가 끊임없이 오가고 상점을 살펴보니 형형색색 기기괴괴하니 기가 막혀 말을 할 수 없었다. 여관에 돌아와서 구경한 것 생각하니 저승인지 인간 세상인지 아득하여 형용할 수 없었다.

그 이튿날도 구경했다. 북송현 대안동 소안동 재동 원동으로 돈화문 밖 이르렀으나 대황제폐하 계신 창덕궁 정문을 멀리서 바라볼 뿐이었다. 궁장 안의 경치는 궁중 정원 중에 제일인데 이야기 잠깐 들어보니 맑은 내와 흰 바위, 푸른 솔과 푸른 대나무가 옥류천의 가경佳境이라 했다. 동편으로 종묘를 지나 흥화문 들어가서 동물원을 구경했다. 평생 보지 못하던 짐승이니 이름인들 다 알겠는가. 앵무새, 공작새, 칠면새며 서양 쥐, 서양 돼지며 사자며 낙타며 호랑이며 곰이며 원숭이도 있고 이름 모르는 것들은 기록하기 어렵다. 그 중에 코끼리와 수마는 흉측하고 기막혀서 도리어 보기 싫었다. 식물원에 잠깐 가서 각색 화초를 구경하니 그 역시 놀라웠다. 이곳은 전날 과거를 보게 하던 춘당대인데 동식물원이 될 줄 누가 알았겠는가.

돌아나와 살펴보니 전날 대한의원이 있었는데 그

---

37 **삼개** 마포나루가 있었던 마을. 현재 마포구 마포동. 삼개는 마포麻浦의 우리말.

집도 굉장했다. 종로로 통하는 길에 전차 철로가 놓여 있었다. 다른 구경을 하려 하니 어언간 석양 무렵이라 여관으로 돌아왔다. 이튿날은 큰 비가 와서 종일토록 여관에 있었다. 그 이튿날은 팔월 십구일인데 할머니와 시어머니 두 분의 기일이었다. 객지에 와 있어서 제사에 참여 못 하니 죄송한 마음 누가 알겠는가. 집 생각이 간절한 가운데 종일토록 큰비가 오니 객회客懷도 따라 우울하고 구경도 하기 어려웠다. 그날 밤 자고 나니 몸이 도로 불평해서 약 한 첩을 먹으니 한 푼이 금 같은 객지 형편에 쓸데없는 비용이었다. 웬일로 이러한지 편한 날이 매양 적었다. 그날 밤 자고 나니 불편한 몸이 웬만하나 출입하기는 어려웠다.

의원 진찰, 활동사진, 학교 구경 등

이튿날은 이십이일이었다. 교동 아래 안상호라 하는 사람이 일본에 가서 신발명한 의학교 졸업하여 명예가 대단하기에 딸아이를 데리고 그 의원에 가서 진찰했다. 그 이튿날은 딸아이를 데리고 전날 홍화문 밖에서 멀리 바라보던 연동 대한의원에 가서 제일 위층에 올라가 외과부에서 진찰하고 돌아왔다. 그 의원 이름이 지금은 총독부의원이 되었는데 합방한 후에 고쳤다고 한다. 그 이튿날 몸이 또 불평하여 종일토록 출입하지 않고 그날 밤에 새문 밖 예배당에서 예수교를 연설한다고 해서 가서 듣고 왔다.

이십오일 몸이 쾌차하여 딸아이를 데리고 종로를 지나 좌우 전방에 벌여놓은 갖가지 물품을 구경하고 남대문에 가서 서양사람 제중원에 가서 진찰한 후 정거장에 가 화륜거 왕래하는 것을 다시 보고 그 길로 내달아 남관왕묘[38]에 가서 관운장 소상 앞에 절하고 그 거동을 보려 하니 위엄이 지금도 늠름해서 감히 쳐다보기 어려웠다. 그 아들 관평과 심복인 충신 왕보와 조루와 주창 네 장수의 소상을 보니 그도 위엄이 있고 그 앞 행랑에 유현덕과 관운장과 장익덕이 도원결의하던 모양이며, 장익덕이 장판교에서 눈 부릅뜨고 선 모양이며, 조자룡과 노장 황충이 한수에서 크게 싸우는 모양이며, 제갈공명이 남병산에서 동남풍 빌던 모양이며, 적벽강 오림에서 조맹덕조조이 패전하고 달아나던

---

38 **남관왕묘**南關王廟 중국 삼국시대의 명장 관우를 모시기 위하여 세운 묘당으로 임진왜란 당시에 명나라 장수 진유격陳遊擊이 세운 우리나라 최초의 관왕묘.

거동을 잘도 형용하여 그려놓았다. 차례로 구경하고 문간에 나와 적토마를 구경하니 용도 같고 범도 같이 활동하여 달아날 듯하고 구중군놈 엄숙하여 고삐 쥐고 서 있는 모양에 무서운 생각이 절로 났다. 옛날 임진년 왜란 때에 관운장이 나타나서 우리나라를 도왔기에 이렇듯이 위했다 하니 우리나라 사람으로 영웅사업 하면 저보다도 더 위할 듯하니 그 아니 좋은 일인가.

그 길로 남대문 들어서서 정동 신작로로 돌아오니 태황제 계신 덕수궁 앞이었다. 정문은 대한문이요, 포덕문, 영성문, 평장문이 있다. 궁궐 담 안에 돌로 지은 양옥집은 조선에서 으뜸가는 집이라고 한다. 두루 구경한 뒤 경기도청 대문 앞으로 들어가 중학다리를 건너오니 대문 안의 많은 벽돌집은 아주 굉장했으나 그중에서도 은행소는 다시 보아도 어이없어 말을 할 수가 없었다.

이십육일 종로로 구리개[39]에 가서 좌우의 벽돌집, 상점들을 구경하고 저동으로 가서 진열관에 들어가 물품을 구경하였다. 아래층을 다 보고 위층에 올라가 두루 구경하니 조선과 일본에서 형용하여 입에 도는 물품으로 없는 것이 없었다. 그 길로 저동을 넘어 진고개[40]로 가서 왜관을 구경하니 소문과 다름없이 기가 막혀서 말을 할 수 없었다. 상점이며 상품이 화려하고 굉장하였다.

총독부를 바라보니 이층 양옥 돌집으로 처음에는 공사관으로 통감부가 되었다가 합방 후에 총독부가 되었으니 점입가경 일본 정책에 우리 마음 분하도다. 그러하나 서울 구경을 잠깐 해도 그럴 수밖에 없을 것 같았다. 우선 제일 상업 권리 모두 그 사람들이 차지한 듯 진고개며 명동이며 구리개에 우리나라 사람의 집이 점점 드물어지고 일본 사람의 집은 점점 즐비하며, 상업하는 모양도 그 문명한 태도를 따르기 어려웠다.

　　그 길로 종현[41]으로 가서 천주교당 뾰족집 구경하니 장안 벽돌집 중에서 고작 높은 집인데 종현 마루 높은 곳에 지은 까닭에 성안을 굽어보니 만성 장안이 눈 아래 펼쳐졌다. 즐비한 궁궐은 옛날 제도가 웅장하고 층층이 올린 양옥집은 문명한 모습이 분명하였다. 오만여 호 인가들은 모두 다 기와집인데 즐비하고 빽빽함은 하늘의 별과 같고 계단 돌과 같았다. 종남산남산

39　**구리개**仇里介　중구 을지로 1가와 2가 사이에 있던 나지막한 고개. 구리고개, 동현, 운현, 구름재라고도 하였다. 땅이 몹시 질어서 먼 곳에서 보면 마치 구리가 햇빛을 받아 반짝이는 것 같다고 해서 구리고개 또는 구리개라 불렀다.
40　**진고개**　중구 충무로 2가 전 중국대사관 뒤에서 세종호텔 뒷길에 이르는 고개. 진고개라는 이름은 땅이 진 데서 유래했다.
41　**종현**鍾峴　중구 명동 2가 명동성당 앞 고갯길. 1597년 정유재란 때 명나라 장수 양호楊鎬가 이곳에 진을 치고 남대문에 있던 종을 가져다 달았다 하여 북달재라 불렀다. 종현은 이를 한자로 표기한 것이다.

오포[42] 소리에 종각에 인경[43]이 울고 뾰족집 종이 울며 남대문 밖 화통 소리와 동대문 안 석탄 연기와 북악 남산의 푸른 소나무와 대나무로 눈과 귀가 어지럽고 황홀했다. 서울 구경은 오늘 모두 한 듯 정신이 유쾌하고 말로 형용할 수 없었다. 그 길로 장창교를 건너 광충다리 개천가로 들어가 사관에 돌아왔다.

 그날 저녁 우미관[44] 활동사진을 구경하기 위해 종로에 썩 나서니 좌우편 장명등[45]은 별과 달을 희롱하는 듯하고 전기등과 와사등[46]은 밝고 환함이 대낮과 다름이 없었다. 그 사이로 왕래하는 전차 위의 밝고 밝은 전기등은 해와 달이 왕래하는 것처럼 형용하기 어려웠다. 우미관에 다다르니 그 역시 전기등 속이었다. 활동사진을 구경하니 석수장이가 수레 위에 돌을 싣고 왕래하는 것과 일본과 아라사러시아가 대석교 전장에서 접전하는 형용[47]인데 포성은 천지에 진동하고 총살은 비오듯 하며 마병과 보병이 결진하였다가 좌우로 서로 달아나는 거동이었다. 그다음 서양국 겨울철에 흰 눈이 땅에 가득 내린 경치를 구경하니 신기하고 신기했다. 외국 사람의 재주와 조화는 정말 신기해서 이야기하려 하니 거짓말 같았다. 밤이 깊은 뒤에 여관에 돌아와서 구경한 것들을 차례로 생각하니 오늘 저녁 구경이 제일인 것처럼 신통하고 기묘하니 그런 재주가 또 있을까.

이튿날은 팔월 이십칠일이었다. 전동[48] 비단상점에 가서 구경하니 갖가지 주단과 모직, 모사며 목속 비단이 훌륭하고 놀라웠다. 보지 못하던 것 아무리 많은들 돈 없으니 살 수 없어 아이들 댕기 사고, 모물방[49]에 가서 아이들 풍덩이[50] 사고, 포목전 구경하고 실과 바늘 사고, 동상전[51] 구경하고 아이들 댕기와 잡동사니를 샀다. 약간의 흥정을 다한 뒤에 다른 상점 구경하려 하니 한정 없는 일이어서 이야기 잠깐 들어보니 옛날부터 종

---

42 **오포**午砲 **소리** 정오를 알리는 대포 소리.
43 인경은 조선시대 통금을 알리기 위해 밤마다 치는 종을 말하는데 여기서는 착각하여 인경이라 한 것으로 보인다.
44 **우미관**優美館 1912년 서울 관철동에 일본인 하야시다林田金次郎가 설립한 영화관으로 2층 벽돌 건물로 수용 인원 천 명 정도였다.
45 **장명등**長明燈 대문 밖이나 처마 끝에 달아 밤에 불을 켜두는 등.
46 **와사등**瓦斯燈 석탄 가스로 불을 켜는 등.
47 1904년 7월 대석교에서 러시아와 일본이 벌인 전투를 말한다. 러일전쟁은 1904~1905년 만주와 한국의 지배권을 둘러싸고 러시아와 일본이 벌인 제국주의 전쟁으로 일본이 승리했다.
48 **전동**典洞 종로 2가. 공평동에 걸쳐 있던 마을로 현재 종로구 견지동. 궁중에서 사용하는 의약과 왕이 하사하는 의약을 제조해서 공납하는 관아인 전의감典醫監이 있었던 데서 전동이라는 이름이 유래했다.
49 **모물방** 모물전毛物廛. 갖옷과 털로 만든 방한구 따위를 팔던 가게.
50 **풍덩이** 풍뎅이. 풍뎅이는 남바위의 별칭으로 이마, 귀, 목덜미를 덮게 되어 있는 방한모를 말한다.
51 **동상전**東床廛 종로 시전 중의 하나로 종각 남쪽에 있었으며 면빗, 참빗, 얼레빗, 쌈지, 허리띠 등 잡화를 팔았다.

로거리 육주비전[52]을 특별히 만들어 각각의 물품 전매권이 있었는데 지금은 폐지되어 산전[53]이라 이름하고 마음대로 판다고 했다.

    학교 구경을 하려 하니 관립학교 사립학교 많은 곳들을 다 보기 어려웠다. 그중 관립사범학교 고등학교는 집도 굉장했다. 사립학교는 중앙학교니 보성학교니 오성학교니 휘문의숙이니 경신학교니 청년학관이니 모두 다 무던하였다. 청년학관은 청년회관 안에 있는데 회관집은 종로 앞의 삼사층 양옥으로 장안의 으뜸가는 집이었다. 진명여학교니 숙명여학교니 동덕여자의숙이니 관립고등여학교니 심상여학교니 신기하고 굉장했다. 그 나머지 전문학교, 소학교, 공립학교, 중학교 모두 다 기록하기 어렵다. 아침 후면 이 골목 저 골목에 둘씩 셋씩 넷씩 다섯씩 줄줄이 쌍쌍이 패를 지어 학교로 공부하러 가는 학도 모두 다 청년인데 그중에 건국영웅도 있을 듯하여 기쁜 마음 측량없었다. 저녁때면 하학하고 오는 모양도 아침때와 한가지였다. 서울 구경 중 학도 다니는 모양이 제일 귀하고 반가웠다.

기차를 타고 인천행,
항구 등지에서 느끼는 일본의 힘

―――

 이십팔일 종로에 나가 전차를 타고 남대문 밖 정거장에 내려서 화륜거를 타고 용산 정거장에 다다르니 그곳은 평안북도 신의주로 통하는 철로가 놓여 있었다. 거기서 잠깐 정거하였다가 노들강[54]에 다다르니 망망한 큰 강 위에 쇠곱다리[55]가 무지개같이 놓였는데 그 다리 위를 번개같이 지나 영등포 정거장에 당도하니 그곳은 경상도 동래 부산까지 이어진 철로가 나뉘어 있었다. 거기서 오류동 정거장 지나 소사평[56] 정거장에 잠깐 머물러 구경하니 소사평이라 하는 들은 망망평원 너른 들에 전답은 드물었다. 옛날 임진년 왜란시에 대

---

52 **육주비전**六注比廛 조선시대 서울에 설치된 시전으로 전매특권과 국역 부담의 의무가 큰 여섯 개의 상전. 육의전, 육부전, 육분전이라고도 불렀다.
53 **산전**散廛 산매散賣를 하는 가게를 말하는 것으로 보인다. 산매는 물건을 생산자나 도매상에게서 사들여 소비자에게 직접 파는 것을 말한다.
54 **노들강** 노량진 앞의 한강.
55 **쇠곱다리** 철교. 쇠곱은 쇠를 뜻하며, 여기서는 한강철교를 말하는 것으로 보인다. 1900년 한강 최초로 건설된 다리로 용산과 노량진 사이를 연결했다.
56 **소사평**素沙坪 평택, 안성, 천안에 걸쳐 있는 평야. 소사평은 정유재란 때 북상하는 왜적을 막아낸 승전지이다.

명국 대장 마귀[57]라는 대장이 왜장 평행장[58]과 청정[59]과 크게 접전하여 마귀가 승전한 곳이라 하였다. 그 말을 들으니 마음이 두려워지며 소름이 돋았다.

    화륜거가 번개같이 가니 딸아이는 정신이 어지럽다고 저의 부친 무릎 위에 엎드리고 나는 위와 장이 요동하여 토하였으나 화륜거에서 내릴 수도 없어 주안 지나 인천 축현 정거장에 잠깐 머물고 인천 정거장에 가서 내리니 큰비가 쏟아졌다. 비단 전방에 들어가 비를 피했다. 그 옆에 국수집이 있는데 방도 따뜻해서 그 방에 가 누워 딸아이를 데리고 한참 자고 일어나 국수 한 그릇씩 사서 먹고 나니 비도 개고 날씨도 청명했다. 이어서 구경하니 골목과 벽돌집은 장안 성내와 다름없고 항구에 나가보니 화륜선 예닐곱 채가 있고 조선 목선 어선이며, 일본 풍선 조롱선과 뽀루대발동선는 몇 백 채인지 수가 없이 많아 돛대는 대밭 같고 뽀루대 우는 소리는 황소 울음처럼 그칠 때가 별로 없었다. 바닷가로 돌을 때려 쌓아올린 것은 철옹성[60] 같았다. 바다강 위로 다리를 놓아 화륜선이 그 다리 옆에 와서 머물게 하고 바다는 망망한데 화륜선 한 채가 남해를 향하여 가서 물어보니 청국 상해로 가는 배라 했다. 바다에 섬이 많아 멀리 바라보니 앞쪽에 월미도라 하는 섬이 있는데 갑진년1904년에 일본과 아라사가 접전한 곳으로 러시아군이 일본군에게 패전하였다고 한다.

두루 구경하니 항구 만들어놓은 제도가 어이없고 기가 막히니 인력과 재정이 한정 없이 들었을 것 같았다. 어언간 해가 반양이라 축현 정거장에 돌아와 화륜선을 기다렸다. 항구 구경한 애기를 하노라니 처음 보아 다른 데 다시 없을 줄로만 알았더니 가군이 하는 말이

"이 항구보다 더 큰 항구는 부산항이요, 이와 같은 항구는 여러 곳인데 의주에 용암포며, 평양에 진남포며, 전라도 옥구 군산항이며, 무안 목포항이며, 창원 마산포며, 함경도 덕원 덕산항이며, 길주 성진포며, 부령 청진이며, 두만강 어구 웅기만도 모두 다 이와 같다네."

하니 일본 사람의 세력과 권리며 장사하는 방법이며 제도는 한량없고 굉장했다. 우리나라 사람도 얼른 개명해서 저와 같이 하여야 국가의 독립권도 찾을 것 같다.

---

57 **마귀**麻貴. 1543~1607 1597년 정유재란 때 명나라 원군을 이끌고 온 장군으로 소사평에서 왜군의 북상을 막았다.
58 **평행장**平行長. ?~1600 소서행장小西行長. 고니시 유키나가. 임진왜란 때 일본군을 이끌고 침략해온 장수.
59 **청정**淸正. 1562~1611 가등청정加藤淸正. 가토 기요마사. 임진왜란 때 일본군을 이끌고 침략해온 장수.
60 원문은 철횡성이나 철옹성이 뜻이 통하는 것으로 보고 철옹성으로 옮겼다.

분하고도 바쁘도다 한탄하여 무엇하리 실시하면 그만이지 이리 한참 지껄이는데 고동 소리가 우레같이 나며 화륜거가 내려와서 표를 사가지고 또 화륜거에 올라앉으니 짧은 시간에 남대문 밖에 당도했다.

내려서 공중에 놓은 다리 위로 오니 그 다리 밑으로 서대문 밖 왕래하는 화륜거가 있다고 했다. 정거장 마당 구경하니 일본 사람의 집뿐이요 모두 양옥이었다. 부산 정거장은 남대문 밖 정거장보다 더 나을 뿐 아니라 세계에서 제일이라 하니 그 정거장은 어떠한지 도리어 궁금했다. 그러나 다시 생각하니 서울 구경도 못한 시골 부인이 전부인데 나는 구경 욕심이 너무 대단한 듯했다. 오백 오십 리 걸어오기 싫으면 남대문 밖 정거장에서 화륜거를 타고 부산 정거장에 내려서 화륜선 타고 강릉 주문진에 와 내린다고 하나 어려서부터 가마 멀미도 하였으니 이천여 리 화륜선 화륜거를 어이 타고 감당할까. 그럴 생각은 전혀 없었다.

그 길로 전차를 타고 종로에 와 내려 수진동 여관에 와서 해를 보니 아직 저물지도 않았다. 서울에서 인천이 몇 리인지 물으니 팔십 리라 했는데 가서 구경하고 와도 해가 높이 있으니 화륜거는 빠르기도 한량없거니와 천하만국이 교통하는 이 시대에 없어서는 안

될 것이었다. 의주 천 리, 부산 천 리를 하루 밤에도 가고 하루 낮에도 간다고 한다. 그날 밤 종로에 나와 등불을 구경하니 전기등, 와사등이 휘황찬란한데 그중에 활동사진 하는 우미관의 전기등이 제일 많았다. 종로 바닥이 대낮같이 어두운 구석이 전혀 없고 사람의 이목이 도리어 눈부신 것 같았다. 그 길로 대사동[61] 연흥사[62]에 가서 기생 소리하고 춤추고, 광대 땅재주 하는 구경을 했다. 밤은 벌써 깊었는데 재미있는 구경이 없어 그만두고 여관에 와서 잤다.

서울 구경 거의 다하고 두어 가지가 남았는데 하나는 왜광대 노는 것이요, 하나는 황금 유관 구경이라 하는데 잡동사니 구경으로 또 하루를 더 머물면 비용도 많아질 뿐 아니라 서울 사람 하는 말이 그 구경은 별로 볼 것 없다고 해서 그만두었다. 종로에 왕래할 때 여러 가지 소소한 것 구경 많이 하였으나 일일이 다 적기는 어렵고 청년회관 안에 만들어놓은 금강산이며 조선 강산과 항구와 철도를 만들어놓은 진열관이며 그 나머지 보고 들은 것 형용하기 어려운 것 수없이 많다.

---

61 **대사동**大寺洞 지금 종로구 관훈동, 인사동에 걸쳐 있던 마을.
62 **연흥사**延興社 원각사가 폐쇄된 뒤 창극을 공연했던 창극단.

어서어서 구경들 하고 정신들 차리시오

여편네 되어 오백 오십 리 서울 구경 어려운 일을 혼자 한 듯 도리어 분수에 넘친다는 다른 사람의 비평을 들을 터인데 딸아이는 더구나 머리 땋은 어린아이로 할 말 있을까. 그러나 그 나라에 나고 자라 그 나라 서울 구경 아니 할 수 없는 것인데 모두 엄두를 내지 못하여 오지 못하는 일은 아직 이전의 풍속이니 그 아니 답답한가. 나의 생각에도 서울 구경 하여 별수도 없고 효험도 없다고 말할 터이나 지금 세계에 이전 풍속만 생각하고 들어앉으면 더구나 여자계의 암매함을 면치 못할 듯하다. 우리나라 이천만 동포의 일천만은 여자인데 여자계가 어두우면 나라 앞 길 어이할까. 나도 이 구경 아니 하였더라면 세계가 무엇인지 여자계가 무엇인지 동포가 무엇인지 몰랐을 터인데 구경한 효험으로 이것저것 아는 것 어찌 별수 없다 하리오. 참혹하고 참혹하네 우리나라 사람 사는 정도와 범절을 외국 사람과 비교하면 밤과 낮처럼 분명한 건 물어보지 아니하여도 분명히 깨달아 알 일이다. 우선 거죽 치장 사는 집으로 말하더라도 외국 사람은 삼사오륙층 되는 집에 사방 유리 영창이요 안팎으로 칠을 하였는데 우리는 일층집에 연기와 먼지 속에서 생활하는 일 구경 아니하면 알 수 없다.

어서어서 구경들 하고 정신들 차리시오. 지금은 이전과 다른 것을 알지 못하오. 나의 노정기 일체로 서유록을 적어놓은 것 하나도 거짓말 없소. 얘기하기 장황하고 지리하기로 이 책을 적어서 구경 아니 한 여자계의 여러분에게 권고코자 하노니 보시는 이 허슬하게 알지 마시오. 참혹하고 통분하다 우리나라 사람이여. 심회에 있는 말 한정 없고 한탄한들 여의할까.

이튿날 이십구일 딸아이를 데리고 가군과 함께 길을 떠나 동대문 밖 썩 나서니 섭섭하고도 시원하나 당초 서울 구경 올 때 딸아이의 볼 고쳐볼까 하였더니 위험하다 해서 엄두를 내지 못하고 그저 돌아오니 그것인들 어찌 통분치 아니한가, 심회풀이도 된 것 같지 아니했다. 다른 방법 얻어 시골 가서 고친다 하나 그것인들 그리 쉽겠는가. 딸아이를 다시 보니 불쌍하고 통분하여

"너의 볼병 왜 그다지 에두르는가. 이번 걸음 허행이라 분하도다 분하도다."

딸아이는 철부지나 저의 부모 위로하는 말이

"타고난 것이라 나의 신수 하릴없소. 쓸데없는 개탄 마오."

그 말 들으니 기특하고 도리어 든든했다. 그 길로 막대를 끌고 망우리고개를 나서서 삼각산을 다시 보고 한양 서울 바라보니 희미하고 아득한 듯 집 떠난 지 한 달이 되도록 구경하러 다니자니 아무 생각 없더니 다행히 집에 돌아오니 하루가 한 달같이 마음에 바쁘고 객지에 고생이 더욱 귀찮아 가던 길로 오다가 횡성 땅에 다다르니 본평으로 오면 가깝다고 해서 그 길로 들었더니 양구듬이 깎은 고동이 험악한 좁은 길이었다. 탄탄대로 마다하고 이렇게 험한 길로 온다는 말이 웬 일인고. 후회한들 쓸데없었다.

본평에 와서 넷째댁을 찾아드니 반갑고 반갑다고 한량없이 좋아하니 큰집, 작은 집 정분이 조금도 줄지 아니한 듯했다. 그곳에 사는 정황 듣고 보아도 좋은 곳은 아니었다. 타관에 외로이 혼자 와 살고 있으니 고향 일가 사람 만나면 너나없이 그럴 것 같았다.

여정 마치고 기록을 남기다

빠르게 진부 땅에 다다르니 갈 때 보던 곳이었다. 사방 들판에 널린 곡식 결실 잘못하였다고 운동이 대단하니 내년 생활 정도 어려운 집들이 불쌍했다. 이곳은 산골짜기라 그러한가. 강릉은 산이 적고 들판이 많은 곳이요, 볕이 잘 드는 땅이라 이런 운동 전혀 없는지 궁금하고 궁금했다. 어서 바삐 집에 가자. 어언간 구월 초라 햇곡식도 성숙하고 백과도 여기저기 익었을 듯했다. 객지 고생 하루도 싫었다. 연아를 데리고 범우리 작은댁을 찾아드니 거기도 역시 반겼다. 서울 애기 아무리 물은들 만의 하나라도 외울 것인가.

이튿날 일찍 길을 떠나 대관령에 올라서니 강릉 일대가 보이는데 장현 본집이 분명히 보였다. 곧 도달할 마음 간절하나 반천 리 오던 판에 다리도 아프고 발병도 나서 개탄하고 앉아 쉬니 연아가 하는 말이 오늘밤 다시 주막집에 자기 싫으니 어서 가자 재촉하고 앞에서서 가는 모양 장정보다 더 나으니 기특하고 기특했다. 연아를 따라 이럭저럭 해질 무렵이 되어 장현동 안으로 들어서서 아래 위 버덩[63] 살펴보니 백곡이 익었는데 흉년을 면하기에는 넉넉하니 그것도 다행이었다.

대문 안에 들어서니 온 집안이 다 나와 맞이하는데 그들 내외 못 보니 원통하고 원통했다. 어디 가고 아

---

63 **버덩** 좀 높고 평평하며 나무 없이 풀만 우거진 거친 들.

니 오나 심회가 비창하여 집안사람 만나 반가운 인사 눈물이라 속절없고 속절없었다. 생각하면 쓸데 있나 사랑에 들어가 시부모께 뵈오니 그 사이 기력이 건강하시고 온 집안 다른 연고 없고 많은 가족들 무탈하니 다행하고 다행했다. 이 날은 구월 초팔일이라 저녁밥 먹은 후에 서울 얘기 하자 하니 형용하기 어렵고 가물가물했다. 이 말 저 말 앞뒤가 뒤섞여도 상관하지 않고 두루 대강 말한 뒤에 노독을 이기지 못하여 자려 하니 편하고 편했다. 객지의 팔진미가 제 집안 장만 못하고 이층여관 좋다 한들 제 집처럼 편할까. 만리타국 유람하는 남녀들은 그 역시 문명사업인가. 한 달 객지 괴롭다가 집에 오니 날 것 같았다.

그 이튿날 행장 풀어 소소한 것 나누어주고 얘기하려 하나 장황하여 노정기를 내놓고 이것 보면 대강 알 터이니 자세히 보고 들으라고 한 후 적을 말 많이 빠졌기에 다시 기록하여 '서유록'이라 이름하니 서울 구경한 자랑인 듯하나 보고 조롱 말면 고맙겠소. 다시 바라기는 다른 사람이 나보다 자세히 구경하고 이와 같이 적어주면 반갑기도 하려니와 여자계의 진보되는 소식일 듯 천만이나 바라노니 우습다 허술하게 여기지 마오.

참혹한 일 우리나라 통분한 일 우리 정도 보고 듣지 않으면 모릅니다. 단군께서 창업하신 삼천리강산 사천 년 국가 오늘날 없어졌소. 아시오 모르시오 아무리 여자인들 국민이 아니라면 분하지 아니하오. 서양 강국 영국 얘기 잠깐 들어보니 여자가 왕 노릇 한 일 많고 지금은 그 나라 여자가 나라 정사 다스리는 권리에 참여하겠다고 남자 사회와 다툰다니[64] 그 나라 여자계가 여북이나 발달하였겠소. 우리도 정신 좀 차려보면 그러한 일 하여 볼까. 무식하니 답답하다. 여자학교 아니하면 뒤처진 여자니 말 못 되오. 남대문 정거장에 가보니 일본 여자 수삼 명이 지필연묵[65] 있는 책상 위의 사무 보려 앉아 있더라. 동양 삼국 중에 일본이 제일 문명한 건 그것 보면 대강 알 일. 부럽고도 부끄럽데. 어서어서 잠을 깨고 이전 풍속 생각 마오. 이런 말 듣는 이나 보는 이나 괴이쩍게 알지 마오. 할 말은 무수하나 다 기록하기 어렵도다.

64　19세기 후반~20세기 초반 영국에서 있었던 여성들의 참정권 운동을 말한다.
65　**지필연묵**紙筆硯墨 종이와 붓과 벼루와 먹. 사무용품을 가리킨다.

참고문헌

강현경 〈《계룡산유산녹》 연구〉, 《한국언어문학》 42, 1999

강현경 〈《온양온수노졍긔라》의 연구〉, 《한국언어문학》 53, 2004

고연희 《조선후기 산수기행예술 연구: 鄭敾과 農淵 그룹을 중심으로》, 일지사, 2001

김경미 〈조선후기의 새로운 여성 문화 공간, 삼호정시사三湖亭詩社〉, 《여/성이론》 5, 2001

김경미 〈20세기 초 강릉 김씨 부인의 여행기 《경성유록》 연구〉, 《한국고전여성문학연구》 35, 2017

김금원 《금원집》, 이화여자대학교 중앙도서관 소장본

김수경 〈여행에 대한 여성적 글쓰기 방식의 탐색—여성 기행가사의 형상화 방식과 그 의미〉, 《한국고전여성문학연구》 17, 2008

김수희 〈《동귀기사》로 본 명대 여성여행과 여행의식〉, 《중국어문학지》 42, 2013

김억《옥잠화: 김안서 번역시집》, 온이퍼브, 2016, eBook

김우철 역주《여지도서 함경도》I, 디자인 흐름, 2009

김정경《조선후기 여성 한글 산문 연구》, 서강대학교출판부, 2016

노태조〈《錦行日記》에 對하여〉,《어문연구》12, 1983

노태조《역주 금행일기》, 창학사, 1987

류준경《의유당관북유람일기》, 신구문화사, 2008

민병도《조선역대여류문집》, 을유문화사, 1950

박무영·김경미·조혜란《조선의 여성들, 부자유한 시대에 너무나 비범했던》, 돌베개, 2004

박주옥〈에도시대 여성여행의 특성 연구―여성여행기행문을 중심으로〉,《관광연구》19, 2004

박지원《열하일기》, 한국고전번역원 DB

서경희〈《의유당유고》에 나타난 작가의 문학적 감성과 인식의 변화〉,《한국민족문화》50, 2014

서인석·박미현《강릉 장현마을 김씨 할머니의 서울 구경》, 강원도민일보 강원여성연구소, 2006

유정선《근대기행가사연구》, 보고사, 2013

이경하 역주《18세기 여성생활사 자료집》2, 보고사, 2010

이행 등《신증동국여지승람》, 한국고전번역원 DB

이혜순·정하영 공역《한국고전여성문학의 세계: 산문편》, 이화여자대학교출판부, 2003

이혜순 외《한국고전여성작가연구》, 태학사, 1999

이혜순《조선조 후기 여성 지성사》, 이화여자대학교출판부, 2007

정지영 〈조선시대 婦女의 노출과 외출: 규제와 틈새〉,《여성과 역사》 2, 한국여성사학회, 2005

조혜란 〈의유당意幽堂 의령宜寧 남씨南氏〉,《이화어문논집》 33, 2014

최화선 〈《에게리아 여행기》를 통해 본 여성 순례와 수도생활의 관계〉,《교회사연구》 27, 2006

허미자 편《韓國女性詩文全集》 5, 국학자료원, 2004

홍대용《산해관 잠긴 문을 한 손으로 밀치도다: 홍대용의 북경여행기 을병연행록》, 김태준·박성순 공역, 돌베개, 2001